東京ブギウギと鈴木大拙

Yamada Shoji
山田奨治

人文書院

東京ブギウギと鈴木大拙　目次

注記

本書では、引用文中の旧仮名遣い・用字はすべて現代表記に置き換え、あきらかな誤字は訂正した。鈴木大拙の文章・手紙の引用は、とくに断り書きのない限り、『鈴木大拙全集　増補新版』岩波書店、一九九九―二〇〇三年によった。引用文中の［　］内は著者が文言を補った部分を、〔　〕内は原文中の注記を意味する。また引用文中には、現代の社会規範に照らして不適切な表現もみられるが、歴史性と資料性を重視してそのまま掲載した。

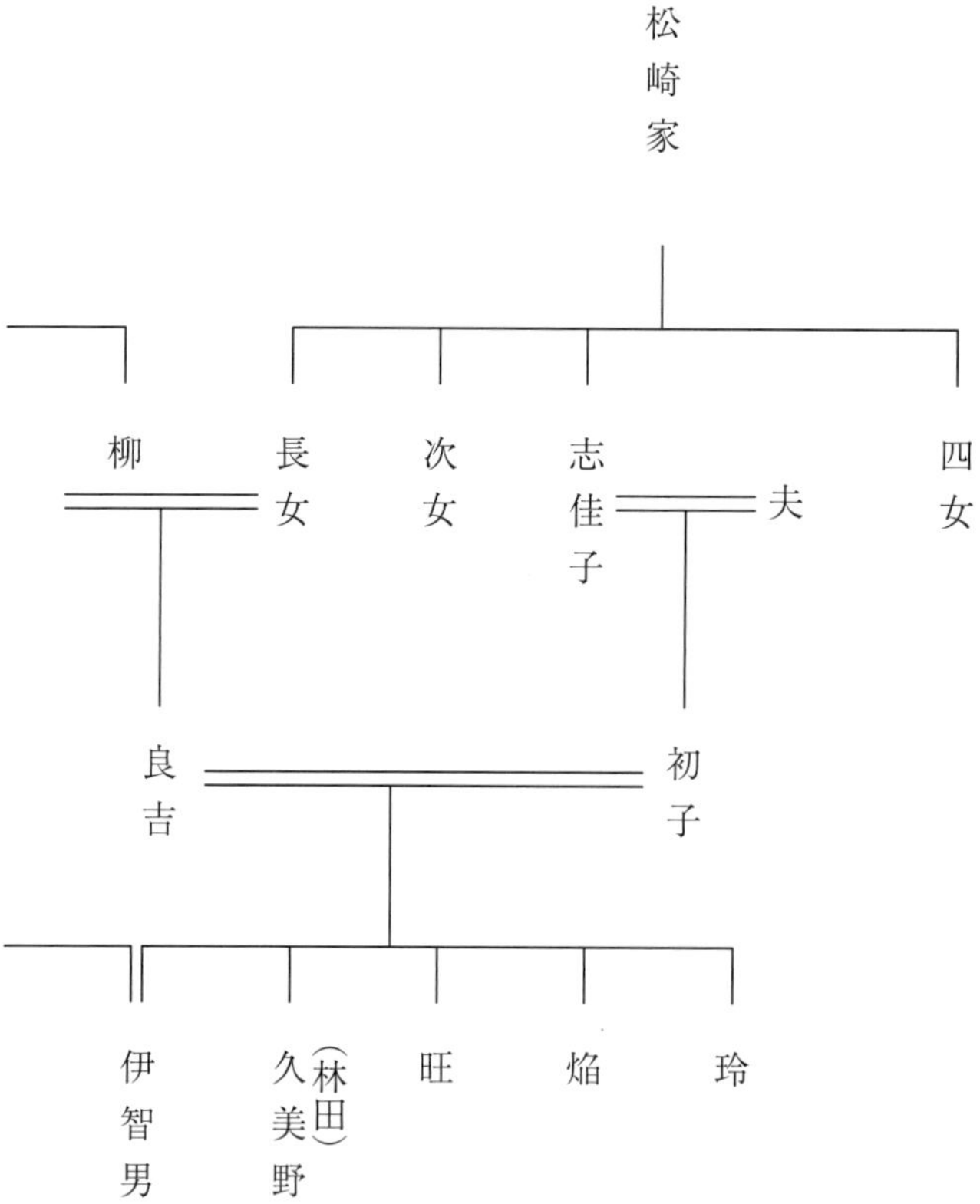
松崎家
柳
長女
次女
志佳子
夫
四女
良吉
初子
伊智男
久美野（林田）
旺
焰
玲

家系図

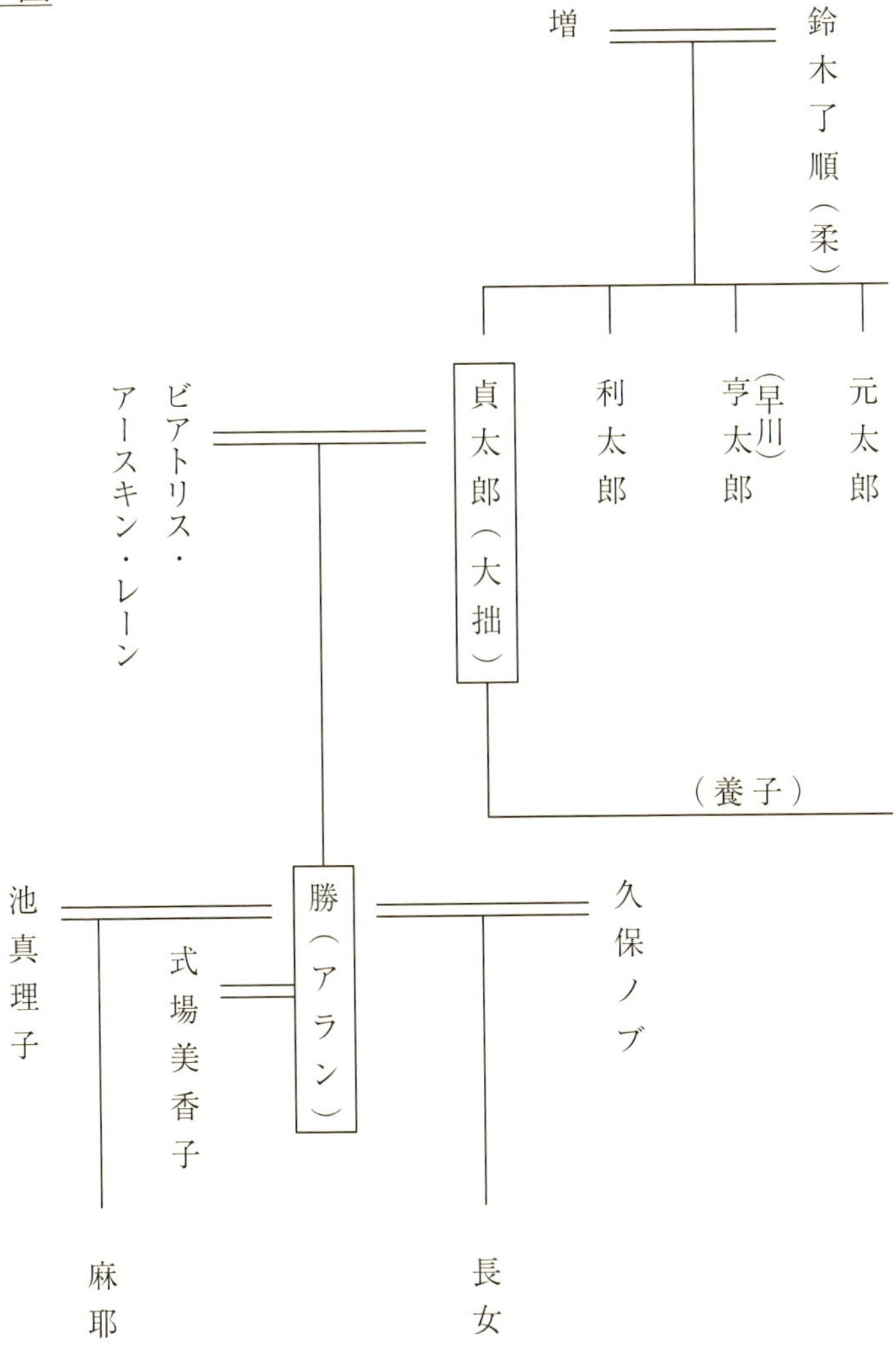
鈴木了順（柔）
増
元太郎
（早川）亨太郎
利太郎
貞太郎（大拙）
ビアトリス・アースキン・レーン
（養子）
勝（アラン）
久保ノブ
式場美香子
池真理子
長女
麻耶

東京ブギウギと鈴木大拙

序章

一九六六年七月一二日の未明、九五歳の鈴木大拙（本名・貞太郎、一八七〇—一九六六）は臨終の床にいた。大拙は前日に急な腹痛を起こして、北鎌倉の東慶寺の裏山にある、居所を兼ねた松ヶ岡文庫から築地の聖路加《せいるか》病院に、寝台タクシーで運び込まれた。仏教学者にして文化勲章受章者、日本の禅を世界に広めて「人類の教師」とも呼ばれた碩学が、最期のときを迎えようとしていた。

大拙の甥の長女に当たる林田久美野（旧姓・鈴木、一九一八—二〇一一）は、『大叔父・鈴木大拙からの手紙』（一九九五、以後『大叔父』）にそのときのことを克明に記している。緊急入院した大拙の周りには、呼吸を助けるための酸素テントが引かれていた。主治医は、のちに百歳の現役医師として有名になる日野原重明（一九一一—　）だった。大拙はときどき目を開いては、何かをみようとしているかのようだった。

急を聞いて駆け付けた見舞い客のなかに、西洋人風の面立ちの整った熟年男性がいた。大拙の養子・アランこと鈴木勝《まさる》（一九一六頃—一九七一）である。

それは、久しぶりの父子の対面だった。アランはかがみ込んで、酸素テントの外から大拙に顔を近付けた。大拙の秘書の岡村美穂子（一九三五―　）が呼び掛けた。

「先生、アランさんですよ。」

「おう、おう。」

大拙は酸素テントににじり寄り、手を動かした。

大拙はどんな気持ちで「おう、おう」と、うめいたのだろうか。そのときのアランのことばは遺されていない。いつまで病院にいたのかも、だれも知らない。主治医の日野原は、アランという男の存在そのものを記憶していない（日野原の秘書談）。

アランは無名のひとではなかった。戦後を代表する歌謡曲「東京ブギウギ」（一九四七）を作詞し、「スゥイングの女王」と呼ばれた歌手の池真理子（一九一七―二〇〇〇）とかつて結婚していた。ところが、一時代を代表する歌を世に送り出したにもかかわらず、アランの記録は少ない。大拙にアランという養子がいたことについて、多くを語るひともいない。大拙の周囲にいる者にとって、アランは触れたくない存在になっていた。アランのことを「不肖の息子」と呼ぶひともいた。

それにには理由があった。アランは、分別盛りのはずの四〇歳代に、週刊誌沙汰になる事件の主役になってしまったのだ。

アランのことを孫引きでなく書いたひとは、そう多くはない。林田久美野の『大叔父』は、大拙の近くに永く仕え、そしてアランの許嫁《いいなずけ》でもあったという著者によるものである。それだけに、アランについても大拙の私的な面についても、類書のないほど多くの証言を含んでいて、本書もそれを貴重な引用文献にしている。

久美野は同世代のアランを子どもの頃から知っていた。その久美野は、軽率ないい方は慎みたいとはしながらも、アランが道を踏み外すような人間に育ってしまったことは、「やはり家庭環境に問題があったと推察せざるを得ません」と書いている。当時の父親はだれも似たり寄ったりだったとしながらも、「自分の研究時間を削ってでも子供と遊んでやる、子供と接していて時を忘れるといった父親ではなかったと思います」とも久美野はいう。

研究者のほとんどは、アランのことを黙殺している。大拙をアランとの関係から考えようという意欲もない。そんななかで、仏教学者の横山ウェイン茂人（一九四八―　）は、短いがかなり踏み込んだアラン評を書いている。

大人になってから、アランの多才な面が素晴らしく発揮され、優雅で自由な人となった。アランが父親である鈴木先生を尊敬し、大事にしてきたのに対し、鈴木先生はアランに対し閉鎖的な立場を取ったのは事実です。それは実に残念な事です。というのは、先生が自分の息子から「謙遜」の教訓を学び得たかもしれません。（松ヶ岡文庫編『鈴木大拙　没後四〇年』、以後、『没後四〇年』）

これは大拙の没後四〇年の記念出版物に収められた文章だ。横山はアランの人生を評価し、大拙の父親業を批判しているとも受け取れる。横山は大拙の英文日記を翻刻した学者でもあり、松ヶ岡文庫が所蔵する一次資料に接する機会は、ほかの研究者よりも格段に多い。アランは大拙を尊敬していたのに、大拙は閉鎖的だったと、その横山が断言している。

大拙の弟子で小説家の岩倉政治（一九〇三—二〇〇〇）も、アランについて踏み込んだことを書いた、いや書くことのできたひとりだ。岩倉は大拙に請われて、手の付けられないワルになっていた思春期のアランの面倒をみていたのだ。その岩倉は、古田紹欽編『鈴木大拙の人と学問』（一九六一）に、つぎのように書いている。

先生がその後義絶されたアラン君のことについては、あまりふれたくはない。これは簡単にだれがわるいというようなことではなくて、世代と環境の悲劇とみるほうが正しいだろう。私はどちらに対しても気の毒なことだと思っている。

しかし先生のようなすぐれた人間形成の一見本である人物であっても、青少年の教育については、なかなか手に負えなかった、というきわだった事例がアラン君との関係であった。先生の苦悩のほどが思いやられた。

これは、大拙がまだ存命中の一九六〇年一一月に執筆された文章だ。アランが一方的に悪いわけではなく、大拙にも否があるというニュアンスになっている。

久美野も横山も岩倉も、大拙は思うようには子育てができなかったという。では、大拙は息子に対してどのように閉鎖的だったのか、どのような苦悩があったのかは、これらの短文からはみえてこない。それ以上にみえないのは、「不肖の息子」アランの苦悩である。

アランの記録は本当に少ない。もし彼が大拙の志を継ごうとする子であったなら、もっと多くのことばがいまの世に遺されていたに違いない。

大拙が遺したことばは幾千万とある。全集だけでも四〇巻もあり、それに入っていない文献も相当な量あるとみられる。松ヶ岡文庫には、大拙の膨大な原稿や日記、蔵書がいまでも大切に保管されている。世界各地の図書館や個人のもとにある、未だ知られていない記録もあるに違いない。それらすべてをじっくり読もうとしたら、たとえ一生を費やしても時間が足りない。

饒舌な父よりも、ことばを遺すことができなかった息子の声が聴きたい。この破綻したようにみえる父子関係には、何か大事なメッセージが隠されているように思う。期待通りに育たなかった子に親はどう接するべきなのか――この普遍的なテーマに、大拙も苦悩していた。それを研究者は読み損なってきたのではないか。

臨済宗の高僧・西村惠信（一九三三―　）は、大拙の優れた評伝『鈴木大拙の原風景』（一九九三）で、「およそ偉人の伝記は、その目撃者である直接の弟子たちによって記録されるのが常であるが、その場合、多く過大の粉飾がなされ、いたずらな神話化が行われるのが普通である。それらがもう一度非神話化されてこそ真に客観的な真実性が浮き彫りにされてくるというものであろう」と、弟子筋が書いた大拙伝を暗に批判している。大拙の門下ではない西村は、偉人の神話化に与しない立場を取りながらも、同書ではアランのことにはほとんど触れていない。大拙の半生を詳細に復元した研究でありながら、西村がアランについて書かなかったのは、なぜなのだろうか。

ある人物をよき人間として描くためには、隠さなければならないこともあろう。世の大拙伝にとっては、アランがそれだったのかもしれない。しかしそれでは、大拙の生涯の大事な一面がみえなくなってしまう。アランの存在をしっかりとみすえることで、大拙の違った側面がわかるはずだ。大拙のことばの端々にあらわれていた、子への思いや悩みも浮き上がってくる。

禅宗、とくに臨済宗は、概して人情の機微や家族関係のことに弱い傾向がある。謎々のような公案で、論理的な思考を打ち破ろうとする。感情よりも理性を刺激するので、理屈っぽい西洋人をひきつける。

たとえば、「父母《ぶも》未生以前本来の面目」という公案がある。「父母が生まれるよりもまえからある、本来の自分とは何か」を問うものらしい。本来の自分というものを、親の因果を越えて探せというのだから、やはり禅は親子関係に重きを置かない。夏目漱石（一八六七―一九一六）の小説『門』（一九一〇）には、この公案に悩む主人公が描かれている。漱石は、大拙と共通の師である禅僧・釈宗演（一八五九―一九一九）から、この公案を与えられたことがあるのだろう。もちろん大拙も、この公案の境地は体験していたはずだ。

禅と親子関係について、仏教学者の末木文美士《ふみひこ》（一九四九―　）は、『日本仏教の可能性』（二〇一一）につぎのような感想を書いている。

『碧巌録』をずっと読んできて概して言えると思うのは、言語の問題を非常に深く追求しているのですが、その中で感情という問題がどうも振り落とされて、あまりそういうレベルの問題が解明されてこないのです。今日、いろいろな社会の問題などを考えていく上で、例えば子供の問題などを考えていくときには、人間の微妙な感情の問題が非常に重要な意味を持ってくるのですが、どうもそういうところに関しては、禅は弱いような感じがしています。

禅に限らず、仏教そのものが親子関係を重視していないともいえる。こういうと、やや違和感を覚えるひともいるだろう。現代日本の仏教には、葬式や墓地、お盆の先祖供養のイメージがあるからだ。しかし元来の仏教はそういうものではない。出家ということばがあるように、仏門に入ることは親を含む家族との関係を断ち切ることだ。戒律のうえでは僧侶には男女関係を結ぶことが許されておらず、だれかの生物学的な親になることもない。

そう、やはり仏教も禅も親子のかかわり方の道しるべとなるものではないのだ。禅仏教の大家の大拙が、息子との付き合いに悩んでいたとしても、それが大拙の値打ちを下げることにはならない。むしろ、彼らの悩みを知りそこから学ぶことが、大拙とアランへのオマージュになるはずだ。

偉大すぎる親を持った子の苦悩、ままならぬ子を持った親の葛藤、「東京ブギウギ」の歌詞を書いた鈴木アラン勝を知ること、鈴木大拙をもっとよく知ること——情熱にかられて無軌道な行動をするドン・キホーテのような知の旅に、読者をしばしお連れしたい。

第1章　出生の秘密

もらわれてきた子

一九一六年七月七日——この日が鈴木勝（通称・アラン）の戸籍上の誕生日になっている。本書でもこの日をアランの誕生日にしておく。ただし、これは「戸籍上の」ことであって、本当にこの日に生まれたのかどうかは、アラン本人にもわからない。大拙と妻のビアトリス・アースキン・レーン（一八七八—一九三九）は、アランの本当の誕生日を知っていたかもしれない。だが、その記録はない。

戸籍上の誕生日がいつなのかは、情報が混乱している。学術的にもっとも信頼できそうな桐田清秀編『鈴木大拙研究基礎資料』（二〇〇五）所収の年譜には、大拙がアランを養子にしたのは一九一七年七月七日とある。『鈴木大拙全集　増補新版』（一九九九—二〇〇三、以後『大拙全集』）の年譜でもそうなっている。ところが、鈴木家の遺族が取得した戸籍謄本によると、一九一六年七月七日が正しい。アランのことに関しては、学術的な基本文献にもまちがいがある。

戸籍謄本には、アランこと鈴木勝は養子ではなく、大拙とビアトリスの実子として記録されている。出生地は当時のふたりの住居だった東京の学習院官舎で、届出人は大拙自身である。このとき大拙は四五歳で、ビアトリスは三八歳だった。いまでこそ女性が普通に出産できる年齢だが、当時としては子を産むには遅すぎる。

アランは大拙の実の子だったのだろうか？

この疑問は、つぎのふたつの証拠から否定できる。まず大拙自身が、アランは養子だと親類への私信にはっきりと書いている。大拙の甥・鈴木良吉（一八七七―一九二〇）の妻・初子（一八八五―一九四五）に宛てた一九二一年三月一〇日の手紙に、「女中には小供の養子であることを知らさないように」とあるのだ。

初子の娘にあたる林田久美野の『大叔父』によると、初子の実家・松崎家は金沢にある大拙の実家の隣にあり、大拙の長兄・元太郎は松崎家から妻をめとっていた。初子の母・志佳子は、大拙が渡米しなければ結婚していたはずの女性でもあった。また、良吉・初子夫妻は、大拙が最初のアメリカ長期滞在から帰国したばかりの頃、自分たちが住んでいた青山の邸宅の隣家を大拙のために借り上げた。そして大拙の身の回りの世話は初子がしていた。この手紙の受取人の初子と大拙は、それくらい気の置けない関係だった。

この手紙で大拙は、初子が紹介した新しい女中を雇いたいこと、そして給金のことを書き、新しい女中にはアランは養子だと伝えるなといっている。このとき、アランは四歳のかわいい盛りだった。その子が女中から養子だという視線でみられることのないように、大拙は心を砕いた。

アランが実子でないことがわかるふたつ目の証拠は、大拙の英文日記にある。一九三九年五月二八日（アラン二二歳）の日記には、アランに出生のことを話したとある。その一週間後には、実の両親のことや大拙とビアトリスのもとへ来た経緯をアランが知りたがらないのは、おかしなことだと大拙は記している。

だれにみせるものでもない日記にこう書かれてあれば、戸籍の記載がどうであっても、アランは実子ではなく養子だったとみるべきだ。戸籍の記録は事実ではない。確かなことは、大拙はアランを実子として届けたということだ。

大拙はアランを実の子として育てたかった。

大拙とビアトリスは、深く愛し合っていた。ビアトリスに先立たれたとき、大拙は「自分の半分がなくなった」と、友人の山本良吉（一八七一―一九四二）への手紙に書いている。妻への愛を率直に綴るのは、当時の日本人男性としては珍しいだろう。そのふたりが、愛の結晶を熱望していたとしても、おかしくはない。それがかなえられないと悟ったとき、せめて養子をと願うのも自然なことだ。

アランの出自については、確かなことはわからない。久美野は、アランはイギリス人と日本人女性との間に生まれたと聞いていた。しかし、「細かな事情は私は聞いておりません」と『大叔父』に書いている。鈴木家の遺族の話によると、アランは三越で洋裁の仕事をしていたスコットランド人の男性が、日本人女性に産ませた私生児ではないかという。弟子の岩倉政治も、鈴木大拙教授喜寿祝賀会編『仏教の大意』（一九四七）という本に付した大拙略歴で、アランは「一スコットランド人と日本女性との間に生れた」と書いている。事実、アラン出生の前後に、東京・日本橋の三越呉服店にはロンドンから来た裁断師が雇われていた。彼がスコットランド人だったかどうかはわからない。資料に残る写真の風貌は、アランに似ているようにもみえるが、はっきりとしたことはいえない。その裁断師は一九一六年一月頃までは三越に勤務していて、翌年二月までにはイギリスに帰国していた様子が、資料からうかがえる。アランの戸籍上の誕生日は一九一六年七月七日なので、前後のタイミングが微妙だ。もし彼がアランの実の父親だとするならば、赤子が立派な学者の家庭に引き取られたことを見届け、本国に帰ったのだと考えたい。

アランの面立ちからして、少なくとも片親が西洋人であることは疑いない。ビアトリスの母方の祖父母はスコットランドの貴族だった。スコットランド人と日本人のハーフという点でも、大拙とビアトリスの実子を装うのに、アランはまことに都合のいい子だった。

養子になったときのアランの年齢について、久美野は「生まれたばかり」と書いているが、現実的には母乳の要らなくなる一歳頃よりも上だったとみるべきだろう。岩倉もアランが養子にもらわれたときは生後一年だったと、前述の大拙略歴に書いている。

つまり、アランの実年齢は戸籍上のそれよりも高かった可能性がある。そうだとするならば、のちにアランが早熟な少年になったことも、うなずける。

ビアトリスは動物愛護家として知られていた。文学研究者の寿岳文章（一九〇〇―一九九二）は、大拙夫婦と親交があった。その寿岳は、ビアトリスの動物愛護ぶりと、アランを養子にしたことについて、久松真一ほか編『鈴木大拙　人と思想』（一九七一、以後『人と思想』）に収められた文章でこんな回想をしている。

ビアトリス夫人はきわめつきの動物愛護論者で、犬でも猫でも道に捨てられていたら必ず拾ってきて育てる。駄馬や駄牛が御者に虐使されている現場に行きあわせると、夫人はもっと動物をいたわるように御者へ談じこむ。夫人と同道していて私も何回かその実況を見た。居宅の場所が許すなら虐使されている馬や牛までひきとりたいというのが夫人の本心であっただろう。たしか関東大震災で孤児アレン君が鈴木家に拾われたのも自然の数であった。

アランが関東大震災の孤児だったというのは、あきらかに寿岳の誤解か記憶違いである。大拙夫婦がアランを養子にしたのは一九一六年で、関東大震災は一九二三年だからだ。その程度のまちがいは許すとしても、まるで動物愛護の一環として、ビアトリスが人間の子を拾ったかのような書きぶりは興味深い。寿岳は長じてからのアランの行状も知っていたはずだ。アランを馬や牛と並べ、ビアトリスの博愛がのちに仇となった、とでも寿岳はいいたかったのだろう。アランを拾われた孤児にすることで、寿岳は大拙夫妻の立場を守ろうとした。大拙に近い文化人の、アランに対する視線がよくわかる。

大拙の両親

ここで、アランを養子にするまでの、大拙の半生を記しておきたい。大拙の自伝としては、つぎのみっつが代表的なものになる。

「私の履歴書」（「日本経済新聞」一九六一年九月二八日—一〇月一八日）
「也風《やふう》流庵自伝」（古田紹欽編『鈴木大拙の人と学問』一九六一年の口述）
「若き日の思い出」（「ミドル・ウェイ」一九六四年）

「私の履歴書」は、大拙の口述を弟子の古田紹欽（一九一二—二〇〇一）がまとめ、大拙の校閲を経て発表されたものだ。「也風流庵自伝」は、一九六一年二月一日にNHK第二放送でオンエアされた口述をもとにしたものである。「也風流庵」とは大拙の庵号で、禅書『碧巌録』の「不風流処也風流」から採っている。これらふたつの自伝は公表時期が近く、同時期の記憶による口述とみられる。文章の量は前者のほうが多い。「若き日の思い出」は英語で書かれ、それを和訳したものも出版されている。

弟子らによる大拙の評伝もいくつか出版されている。しかし、まだ有名でなかった若い頃のことは、本人の記憶に頼らざるを得ないので、評伝類は参考にしにくい。したがってここでは、これらの自伝と『鈴木大拙研究基礎資料』にまとめられた年譜、そして弟子の岩倉政治が『仏教の大意』に書いた略歴をもとに、大拙の半生の輪郭を描いてみよう。

鈴木大拙貞太郎は、一八七〇年一〇月一八日に金沢市本多町で生まれた。家は前田家で筆頭家老を務めていた本多家の家中で、父の名は了順（良順・良準、のちに柔と改名、一八二二頃—一八七六）、母の名は増（一八三一頃—一八九〇）といい、貞太郎は一女四男の末っ子だった。父の了順は、医者で儒者だった。姉の名は柳、兄の名は元太郎（一八五七頃—一九二五頃）、亨《こう》太郎（一八六二頃—一九三九）、利太郎（一八六六頃—一八七七）といった。男きょうだいの名前の最初の一字をつなげると、「元亨利貞」になる。これは中国の五経のひとつ、『易経』から採ったもので、天の四徳をあらわしている。貞太郎の「貞」は、万物の成就を意味する。いかにも儒者らしい名付けだ。

岩倉政治が記したところによると、「長兄〔元太郎〕は士族の子によくある一種の与太もの」で、次兄の亨太郎は養子に入って早川姓となり、「頭はさほどよくなかったけれど、不撓《とう》不屈の頑張り屋で、弁護士を志してから十年間受験をつづけ、七十二歳で合格」した。父の了順は、貞太郎が六歳になったばかりのときに、五四歳で亡くなった。

大拙は、父の記憶をほとんど持っていなかった。

それでも父の死をきっかけに、「人はなぜ死ぬのであろうか？　また死とは何であろう？」（『仏教の大意』）と考えるようになったという。その翌年には三兄の利太郎も一一歳で亡くなり、母の増は、それから女手ひとつで四人の子どもを育てることになった。

小学生の貞太郎は、ひよわではあったが「［一］尺余に積んだ雪のなかを帽子もかぶらず、尻ひっからげて、はだしのまま、犬ころのように走りまわってあそぶ」（『仏教の大意』）少年だった。口笛と石投げがうまく、学校の成績は群を抜いてよかった。

貞太郎は一一歳で石川県専門学校付属初等中学科に入り、そこでのちに倫理学者になる山本良吉と出会う。そして一六歳で第四高等中学校に入学した。同級生には、のちに哲学者になる西田幾多郎（一八七〇―一九四五）がいて、ふたりは互いに影響し合う終生の友になる。

ここで鈴木家の宗教環境について書いておこう。家は臨済宗だったが、母は浄土真宗の秘事法門に入信していた。秘事法門には魔術的な性格があり、浄土真宗の中興の祖・蓮如（一四一五―一四九九）はこれを異端として禁じていた。貞太郎にははっきりとした記憶はないのだが、母は息子をこれに入信させたらしい。

貞太郎は幼少の頃、檀那寺の瑞光寺へ行って、そこの和尚に禅とは何かと聞いたことがある。和尚は『碧巌録』という本にいろいろと書いてあるという。ではその『碧巌録』をみせてくれというと、家にはないと和尚はいう。その和尚が本当に禅を知っていたかどうか、貞太郎は老年になってからもずっと疑いを持ちつづけた。一五歳くらいの頃、貞太郎はキリスト教の宣教師とも何度か会ったことがある。しかし、キリスト教は彼の肌には合わなかった。

高等中学校の頃、貞太郎は参禅してみたいと願い、江戸時代の禅僧・白隠彗鶴《はくいんえかく》（一六八六―一七六九）が著した『遠羅天釜《おらでがま》』（一七四七成立）という書物をたずさえて、富山県高岡市にある国泰寺を紹介もなしに訪ねた。そこで雲水から座禅の仕方を教わる。ところが、和尚に『遠羅天釜』に出てくることばの意味を聞いたところ、ひどく叱られて追い返されてしまう。貞太郎の最初の参禅は、四―五日で退散という結果に終わった。

第四高等中学校には一年も通わずに中退してしまう。理由は授業料が払えなかったからだ。それからは、石川県珠州《すず》郡飯田町（現・珠州市）で小学校の助手になり、高等科で英語を教えた。長兄の元太郎が珠州郡内の小学校で教員をしていたので、その兄を頼ったのだろう。この頃、徴兵検査を受けるが、近眼のため不合格になる。

一八九〇年、貞太郎が一九歳のときに最愛の母が五九歳で病没する。母の死は貞太郎にとって父のとき以上に精神的な打撃になった。岩倉の記したところによると大拙は、「世界は散文的に科学的に考えられた単なる生死の段階ではなくなり、これまで気付かなんだ世界が開けてくる。わが母の死に於いて私はこれを感じた」(『仏教の大意』)という。その翌年に貞太郎は小学校教員を辞し、故郷を離れる。

参禅時代

金沢を出た貞太郎が最初に向かった先は、次兄・亨太郎のいる神戸だった。そこで四ヶ月を過ごしたあと上京する。東京での最初の下宿は本郷馬込にあった久徴館だった。久徴館は、加賀藩の関係者のための寄宿舎で、そこで同郷の安宅弥吉(一八七三―一九四九)と親友になる。安宅は実業家として成功したら、貞太郎の学問を金銭面で支えてやると大志を語っていた。安宅はのちに安宅産業の創業者になり、若き日のことば通り、パトロンとして大拙を支えつづける。久徴館では、のちに三井銀行取締役・貴族院議員・南満州鉄道株式会社社長になる早川千吉郎(一八六三―一九二二)とも出会っている。

上京した貞太郎は、東京専門学校(現・早稲田大学)へ通いはじめる。そこで英文学を講じていたのが、小説家の坪内逍遥(一八五九―一九三五)だった。貞太郎の答案に対して逍遥は、「君の答案はあまりに簡単で意訳に過ぎる。これでは文法がわかっているのかいないのかわかりかねる、点のつけようがないではないか」（『仏教の大意』）と評したという。

東京専門学校に在学中の一八九一年七月、貞太郎は早川千吉郎の紹介を受けて鎌倉の円覚寺の門を叩き、管長の今北洪川《こうぜん》（一八一六―一八九二）に参禅する。このとき貞太郎は二〇歳。そして、在家のまま本格的な参禅修行をはじめる。洪川から与えられた最初の公案は「隻手《せきしゅ》の音声《おんじょう》」（片手の鳴る音を聞けという課題）だった。おなじ頃、円覚寺には西田幾多郎、山本良吉、安宅弥吉、夏目漱石も参禅していた。

ところが、円覚寺へ通いはじめてから半年後に、師の今北洪川が遷化（死去）してしまう。洪川の衣鉢を継いだのは、釈宗演だった。自然な流れで、貞太郎も宗演に参禅するようになり、これが貞太郎の人生を変える出会いになる。

洪川の亡くなる三ヶ月前に、貞太郎は東京専門学校を四ヶ月で中退してしまう。そして、一八九二年九月に東京帝国大学文科大学哲学科に入学する。大学を三年で中退するまでのあいだ、貞太郎は東京から鎌倉まで頻繁に歩いて通い、禅を探求した。ところが、「隻手の音声」をどうしても解くことができない。そんな貞太郎をみかねたのか、宗演は公案を「無字」（無の一字に成り切るという課題）に変えた。大拙という居士号は、一八九四年頃までに宗演から授けられたものだ。中国の古い書物の『老子』と禅書の『碧巌録』にある「大巧は拙なるがごとし」（巧みなひとは自分をよくみせようとしないので、かえって下手にみえる）から採った呼び名だ。

参禅仲間の評では、「鈴木は気のおけない人で、しかも酒もタバコもやらず、不品行もなかった。おもしろい逸話も失敗談もない。ただ門前の三橋堂という店でまんじゅうをよく買ってぱくついている人だった。無口で、洒脱で、全く、仙骨を帯びていた」（『仏教の大意』）と岩倉は書いている。

そして一八九三年、大拙にとって、いや日本の仏教界にとって、画期となる出来事が起こる。アメリカのシカゴで第一回万国宗教会議が開催され、日本仏教の各宗派が代表団を派遣したのだ。その会議に臨済宗の代表として宗演が出席し、禅とは何かを講演した。この会議は、禅がＺＥＮとして世界デビューをはたした場と評価されている。そして、その宗演の講演原稿の英訳をまかされたのが大拙だった。おなじく宗演に参禅していた作家の夏目漱石が、大拙の英訳を添削したという逸話も残っているが、その真偽は定かではない。

下積み時代

万国宗教会議の聴衆に、ポール・ケーラス（一八五二―一九一九）という紳士がいた。彼はシカゴの近くのラサールという町で、オープン・コート社という小さな出版社の編集者をしていた。ケーラスは宗演からインスピレーションを得て、『仏陀の福音』（一八九四）という本を書いた。宗演は大拙にその翻訳を命じ、翌年に日本でも出版された。ケーラスは東洋思想の本をさらに出版するために、助手を推薦してくれと宗演に頼んだ。そのときに宗演が紹介したのが大拙だった。

一八九六年五月一四日にケーラスへ送った手紙によると、大拙は禅僧になってから渡米するつもりだった。僧侶であれば何かにつけ費用を節約でき、アメリカに滞在するのにも身分のうえで都合がよいだろうと考えた。しかし、何らかの事情がそれを許さなかったのだろう。大拙は終生、禅僧にはならなかった。宗演のもとを離れるときが刻々と近付くなか、その年の臘八接心《ろうはつせっしん》（旧暦一二月一―八日に行われる、不眠不休の座禅修行）を終えて山門を下るときに、大拙は「無字」の公案がわかった。岩倉によると「月明の中の松の巨木と自分との区別を全く忘じつくし」（『仏教の大意』）て大拙は悟りを体験する。そして一八九七年、二六歳の大拙は足かけ一二年近く米国での下積み生活をはじめる。

大拙は渡航費用を捻出するのに苦労をする。宗演からだけでなく、友人の山本良吉にも金の相談をしている。渡米するまえの大拙は、ケーラスに学費を出してもらって、アメリカで勉強するようなつもりでいた。「在米中の学費は一切ケーラス氏を煩わす覚悟故、諸君子の御恵みには預らざるも可なるべきかと思う」と、山本への手紙に書いているのだ。だが、大拙は渡米中に学校へ通わせてもらうことはなかった。釈宗演への手紙には、最初の一年を悶々と過ごした大拙の心情が書かれている。

国を出で、早や一年に近き日月を過ごし候得共、是れと云うて経験したることもなく、……但閑ある毎には所好の学科を研究し、他日の材料を貯蓄す、是から先は雨となるか、雲となるか、自らも知らず候、只気永に俟《ま》ちて独立の位置を得んと存候

渡米から三年ほどして、ようやく大拙はオープン・コート社での仕事を与えられた。校正係のポストに空きができ、その職をまかされたのだ。その頃、大拙は「如何ほどの給金をくるゝ積りか、

尋ねざれば知らざれど、多少は給与するつもりかと信ず」と宗演に書き送っている。

だがそんな淡い期待は、すぐに打ち砕かれる。その二ヶ月後の宗演宛の手紙には「日本の校正掛とは少しよき位置なれども、其奴隷的なるに至りては同一なり、給料の処も今は皆無なり」「当地に屏息《へいそく》すること既に三年を超え、而して未だ何のなし得たる所なし……従って他日帰朝の日、身を扶《たす》くる経歴ともならんかと信ず」とある。それから四年が過ぎた一九〇四年の手紙にも「ケーラスはけちにて」と、大拙は書いている。大拙の米国生活の実態は、無給の助手に近いものだった。有色人種への差別が当たりまえで、日本人移民に対する排斥の機運が高まっていた時代だった。ケーラスにとって大拙は、知的作業をする日本人奴隷のようなものだったといえる。

オープン・コート社での大拙の主な仕事は、日英の翻訳と校正作業だった。ケーラスが企てた、老子の『道徳経』の英訳の手伝いをしたのをはじめ、大拙個人の仕事として『大乗起信論』（五五〇頃）の英訳を試み、『大乗仏教概論』（一九〇七）を英語で出版した。

一二年近くのアメリカ暮らしのなかで、大拙にとって大きな「事件」があった。のちに妻となるビアトリスとの出逢いだ。一九〇五年に宗演がアメリカを再訪問し講演旅行をしたさい、大拙が通訳として同行した。その翌年四月のニューヨークでの講演を、ビアトリスが聴いたのだ。仏教に関心があったビアトリスは、宗演を個人的に訪ね、そのさいにも大拙が通訳をしている。それからビアトリスが結婚のために来日するまでの五年間、ふたりは文通で愛を育んでいった。

大拙の女性観

大拙は、ビアトリスとのプラトニック・ラブに浸るまえは、どのような女性観を持っていたのだろうか。それを知る手掛かりが、渡米まもない一八九七年一〇月三日の山本良吉宛の手紙にある。アメリカの風俗を観察した大拙は、青年を堕落させないために、男女の交際を寛大にすることと、女子の教育を高等にすることが必要だと書いている。日本の社会は男女の自由な交際を許さないから、男は娼婦や芸者に近付き、女は徳義のない同性に感化される。したがって遊郭は全廃し、「男女のいまわしき関係」を少年にみせないようにし、女子に大学入学を許し、男女共学にして交際を自由にするべきだという。当時としては、かなりリベラルな思想だ。

だが、いざ女性の相手をするとなると、大拙は苦手意識を隠さない。一八九八年六月一一日の宗演への手紙によると、婦人に同伴することと話し相手になることには閉口だとある。アメリカでは婦人の機嫌を取るのが習いだが、「学問上の話なら兎に角、下らぬ世間の雑話、拙者には極めて不適当なる職掌」なので、女性との接触を避けるために、なるべく室内に閉じこもるようにしているとも書いている。一九〇一年一月六日の山本良吉宛の手紙には「婦人（未婚の）が男の噂をするに平気なるは芸妓の如しと思う」とある。三〇歳前後にしては何とも純情な男性だ。そういう女性観を持っていれば、真剣に仏道を求めていたビアトリスに魅力を感じたのも、自然な成り行きだろう。

結婚するまでの、大拙とビアトリスの文通について書いておきたい。『大拙全集』に公表されたものとしては、ビアトリスへの最初の手紙は、ニューヨークでの運命の出逢いから一年後の、一九

○七年三月二九日のものだ。「昨晩は［手紙を］書く時間が御座居ませんでした。月曜日には二通届くでしょう。T。昨日は一日中雨で今日は風が強くなりそうで御座居ます。よい部屋は見つかりましたでしょうか？　次の手紙は何処へ送りましょうか？」（著者訳）という内容の、ごく短い手紙だ。文面からは、このときすでに頻繁に文通していたことがわかる。

この頃の大拙からの手紙はどれも短い。天候のこと、旅先からのメッセージ、日本の様子など、他人がみれば他愛のないことばかりだ。ただ手紙を書き送ること自体が目的になってしまっているようだが、恋文というものはそういうものだろう。

ビアトリスからの恋文では、大拙がアメリカを離れる直前の一九〇八年二月二五日のものの邦訳が、『没後四〇年』に公表されている。

暫くの間、あなたと会えないのは寂しい事ですが、あなたの愛を、そして私達が共にある事を、信じる事が幸せなのです。……やがて私たちが待ち望む幸せな再会の日が来る事でしょう。最愛なる最愛なる貞様、いつも私のことを心に留めておいて下さい。私を愛して下さい。離れていても、いつもあなたの事を思っています。（横山ウェイン茂人訳）

大拙にとって、ビアトリスとの文通は大きな心の支えだったようだ。日本に帰ったあと、彼女からの手紙が一週間届かなかっただけで、「あなたは何をしているのでしょうか、如何に暮らしているのでしょうか」（著者訳）と、大拙は書いている。また大拙は、どこからお金を工面したのか、愛の証のペンダントをビアトリスに贈った。ペンダントにはサンスクリット語で「汝がそれなり」と刻まれている。大拙はそれをニューヨーク五番街のティファニーで注文したという話が、真偽は不明ながらも伝説化している（上田閑照、岡村美穂子編『鈴木大拙とは誰か』）。執心や物欲を戒める禅の立場からみたらいかがなものかと思うが、こういう等身大の大拙に、もっと注目するべきだ。

大拙の結婚

一九〇九年三月、大拙は一一年のアメリカ生活を終えて帰国する。林田久美野によると、大拙は帰国にあたって確固とした先の見通しを持っていなかったようだ。写真技師になることも考えて、カメラや写真引き伸ばし機などを持ち帰っていた。大拙は晩年になるまで写真には強い関心を持っていた（『大叔父』）。この写真好きな部分だけは、アランに受け継がれることになる。

同年八月に大拙は学習院の英語科講師に採用される。一〇月から二年半のあいだは、東京帝国大学文科大学講師にも任命され、英語を教えた。当時の大拙は、仏教学者ではなく洋行帰りの英語教師だった。

一九一〇年から一五年にかけては、仏教研究だけでなく、スウェーデンの神秘主義思想家エマヌエル・スウェーデンボルグ（一六八八―一七七二）の主要な著書を日本語訳し、日本における同人の紹介者として足跡を残している。また、一九一三年には『スエデンボルグ』という単著も出している。霊界をみてきたというスウェーデンボルグの思想には、賛否両論ある。ことに禅宗は「あの世」の存在を否定しているので、「禅の鈴木大拙」がスウェーデンボルグにかかわったことに、あまり触れたくない禅学関係者もいるだろう。

仏教学者の増谷文雄（一九〇二―一九八七）は大拙の談として、「そのころはまだお金がほしかったから、翻訳して翻訳料をもうけたかったのだということをおっしゃいました」（『没後四〇年』）と伝えている。お金になるからといっても、自分の信条と大きく違う仕事を大拙がしたとも思えない。その後の大拙は、スウェーデンボルグに言及することはあまりなかったが、気になる存在ではあったようだ。事実、晩年になっても神霊学について「われわれの世界には、まだまだ分からぬことがいくらでもあるんだ」（『人と思想』）と語っていた。

そんな大拙を追いかけて、アメリカからビアトリスがやって来た。一九一一年二月一四日、奇しくもバレンタイン・デーに、ビアトリスは来日をはたした。そしてふたりは、一二月一二日に横浜米国領事館で結婚式を挙げる。このとき、新郎は四一歳、新婦は三三歳。

現在でも日本人男性と西洋人女性の国際結婚は珍しい。これが明治末のこととなれば、世間にはかなり奇異なことと思われただろう。大拙の周囲には、ビアトリスとの結婚に反対する声もあったようだ。親友の山本良吉も、この結婚に心から賛成というわけではなかった。結婚前に大拙へ書き送った手紙で山本は、外国婦人を妻にすると金がかかるぞと忠告している。日本人よりよい物を食べ、手回り品も高級だし、日本の風俗に同化できるかもあやしいぞと、山本はいう（山本良吉『鈴木大拙未公開書簡』）。しかし、その後の大拙の結婚生活をみたところ、周囲のそうした心配は杞憂だった。

年代ははっきりしないのだが、この結婚の前後から、関口この（一八八二―一九四八、通称・おこの）が女中として大拙に仕えるようになった。おこのは、一九四八年七月に急性肺炎で亡くなるまで三〇年以上にわたって、大拙夫妻、そしてアランの世話を焼くことになる。

そして一九一六年七月七日、実子に恵まれなかった大拙夫妻は、おこのを介していずこからか男子を迎え、勝の名前で実子として出生届を出す。『鈴木大拙研究基礎資料』にある年譜によると、出生届から約二週間後の七月二〇日、ビアトリスは一時帰国のためアメリカへ旅立っている。そして、アメリカにいるビアトリスに向けた八月九日の手紙に大拙は、「赤子は元気な様子だ」と書いている。これが息子のことを書いた最初の記録である。

結婚した大拙とビアトリスは、小石川区高田老松町（現・文京区目白台）に住んだが、アランを養子に迎えるまでには学習院官舎に引っ越していたとみられる。またこの頃から、釈宗演を訪ねるためか、鎌倉・円覚寺内の正伝庵にもたびたび寄宿するようになっている。

一九一六年一二月にはビアトリスの母エマ・アールスキン・ハーン（一八四六―一九二七）が来日する。エマは多才なひとで、社会問題を論じ、農園を経営し、ロシア文学を講じ、医学の博士号も持っていた。動物実験に反対し、動物愛護運動もしていた。ビアトリスの父にあたる夫のトーマス・レーンとは早くに死別したため、ハーンというドイツ人の学者と再婚した。エマは残りの人生を日本で過ごし、京都で亡くなった。大拙夫婦と身近に暮らしていたようだが、同居までしていたかどうかはわからない。

大拙は学習院の英語講師として奉職し、寮長も務めていた。しかし、妻がアメリカ人だから大拙は外国化していると陰口をいわれるなどして、一九二一年に学習院を辞職する。それとほとんど同時に、大拙は京都の大谷大学に教授として迎えられた。ビアトリスも同大学予科の嘱託教授になり、一家は京都に拠点を移した。その前々年に禅の師である宗演が遷化していて、関東にいる理由が大拙にはなくなっていた。しかし、大拙は円覚寺内の正伝庵を引きつづき使用しているので、一家は京都と鎌倉の二重生活をはじめた、といったほうがいいだろう。

ビアトリスとおこの

この時期の大拙の生活を支えていたのは、ビアトリスと女中・おこのだった、彼女たちは、どのようなひとたちだったのだろうか。

ビアトリスは、アメリカ人外交官の父とスコットランド貴族の娘である母とのあいだに生まれた。父はビアトリスが生まれた直後に亡くなっているので、彼女も大拙と同様、父の記憶を持たない子だった。

ビアトリスは、「女ハーバード」と呼ばれていたラドクリフ大学（現在はハーバード大学の一部）を卒業し、コロンビア大学で美学の修士号を得ている。来日後は真言密教の探究に傾倒し、高野山をたびたび訪れている。講述書に『仏教と実際生活』（一九三二）、著書としては大拙によって死後出版された『青蓮仏教小観』（一九四〇）がある。

ビアトリスは大拙とくらべると、かなり大柄な女性だった。母からの影響のせいか動物愛護に熱心で、だれかが飼えなくなり、あるいは捨てられていた犬猫を引き取っていた。一九二九年には、日本で最初の動物愛護施設といわれる慈悲園を、正伝庵の近くに開設している。林田久美野は、慈悲園の様子をつぎのように回想している。

……猫の部屋は板敷きでかなり広い部屋でした。部屋の壁面にずらりと棚が設けられ、その棚に蚊帳が暖簾《のれん》のように下げられて、その奥にそれぞれ猫が寝ているのです。おこのさんは新潟出身ですが、故郷から弟夫婦を呼び寄せ犬や猫の世話をさせていました。そのおこのさんの弟が鐘を鳴らすと、それを合図に猫たちが一斉に飛び出してきて、餌を喰べ始めるのでした。(『大叔父』)

ビアトリスは、動物には惜しみない愛情を注いだ。そして真言密教を熱心に学び、大拙からは深く愛されていた。

大拙は、ビアトリスの動物愛護の極端さに、音をあげることもしばしばあった。たとえば、一九二一年四月八日のビアトリス宛ての手紙である。

そなたが戻ったら、二匹の犬を捨てて下さらねばならぬ——三匹のうちの二匹を——なんとか。どれだけの金が、どれだけの労力が、それらに使われて居るか、そなたは知らぬのである。計算すれば、少なくとも二〇円が犬猫の餌代にかかって居て、庭を荒らす損害はそれには入っておらぬ。……そなたが戻ったらすぐに二匹の犬を捨てると約束して下さらぬか。今はやることが沢山あって、動物には患わされたくない。このことについて、今のわしの決心ははっきりして居る。……追伸、犬の事では今回は真剣です。わしの助言を聞いて下さることを心から願う。(著者訳)

こういうことはあったにしても、大拙はビアトリスの動物愛護に理解を示していた。「日本に於ける仏教者が動物愛護の施設を図らんとするのは、単に動物を好くとか嫌うとかの論ではなくて、此の如き施設によりて、公衆のために、慈悲道を教えんとする一般的宣伝の一方法であると信ずるからである」と、仏教新聞の「中外日報」で論じた。そして大拙自身も動物を、とくに猫を愛した。ところが、ビアトリスに対する周囲の評価はあまりよくない。たとえば寿岳文章はこう書いている。

学習院で大拙先生の教えを受けた人たち――例えば故・柳宗悦氏など――の口にかかると、大拙先生の感化の大きさに比べて、夫人の評判はどうもかんばしくない。「大拙さんはよいけれど、あの奥さんでは」とあとは言葉を濁す。(『人と思想』)

ビアトリスは、激しい気性の持ち主だったようだ。円覚寺管長だった朝比奈宗源(一八九一―一九七九)は、それを裏付ける回想をしている。

夫人の直情径行にはこんなことが伝わっている。大正の初め頃、円覚寺へはじめて電灯が引けた時、夫人は電灯など入れず山内を昔のまま保存すべきだと考えていたので大変に腹を立て、山内の寺々にきこえるように、たどたどしい日本語で大声でののしって歩きまわって山内の人々をいいいい、ひんしゅくさせたが、先生は一と言も弁護もいい訳もされなかったと。(『人と思想』)

寿岳文章は、ベジタリアンだったビアトリスの動物愛護の異常さと、料理の下手さ、そして何やら怪しげな雰囲気のある神智学とのかかわりのことも書いている。

しかし、犬や猫にまで菜食主義を押しつけるのは少し自然に反していたような気がする。大拙邸で聞く犬や猫の鳴き声には、どうも異常な欲求不満が感じられた。私たち――その中には京大の羽《は》渓《たに》了《りょう》諦《たい》博士もいた――精進料理に慣れている者でさえ、大拙邸でサーヴされる西洋風の精進料理の味つけには辟易《へきえき》し、口ではvery goodと言いながら、ちらりと目くばせもしたものである。（『人と思想』）

ビアトリス夫人は、密教に熱心なだけあって、神智学（theosophy）にも並並でない関心をもち、クリシュナムルティ（Krishnamurti）の「東方星教団」（The Order of the Star in the East）の日本支部を自宅に置き、例会を持ち、有志の人たちを招いた。この教団は、教主自身の妥当な発意で一九二九年に解散されることになるが、ちょうどその直前まで、大拙邸ではこの薄気味のわるい結社の集まりがあり、マタイセンというオランダ生まれの同信の婦人も大拙邸に一時寄寓していた。（『人と思想』）

どうやら寿岳は、ビアトリスのことを「薄気味のわるい結社」の一員とみていたようだ。そして、そんなビアトリスをも傍に置いた、大拙の包容力を引き立たせるレトリックを使っている。

寿岳の文章では、大拙はこの結社には、かかわりがなかったかのような印象を与える。ところが、『鈴木大拙研究基礎資料』の年譜をみたところ、一九二〇年代の一〇年間は、大拙自身が神智学の集会にたびたび参加していることがわかる。自宅で集まりがあったのだから、大拙が顔を出していたとしても何の不思議もない。大拙と神智学のつながりを、寿岳は知っていたはずだ。大拙と「薄気味のわるい結社」とは無縁だったかのように書くこと、それは学者としての大拙のイメージを守ろうとするあまりに、彼の人間像をゆがめることだ。

夫人の不評もまた、大拙を神話化するための材料になっているとはいえ、大拙とビアトリスの愛は深かった。大谷大学の学生がビアトリスに「なぜ、日本を愛せられるのですか」と問うと、ビアトリスはポッと頬を赤らめて「テイの国だから」と答えたという(『鈴木大拙とは誰か』)。

大拙の身近にいたもうひとりの女性は、女中をしていたおこのだった。この、おこのという新潟出身の女性が、大拙の家に来るまで何をしていたかは、まったくわからない。仏教学者で、松ヶ岡文庫の間近に住んでいた楠恭(一九一五—二〇〇〇)は、おこのが来たのは大拙の結婚前だったといい、林田久美野は結婚してから二年後だったという。おこのは文字も読めない無学の痩せた小柄な女性で、久美野にいわせると料理も上手ではなかった。しかし、楠がいうには「頭は実によく、頭の回転も早く、よく物事に気が付き、生き物に対して深く憐れみの心」を持った女性で、大拙のことを偉い先生として尊敬していた(『人と思想』)。大拙宅の門番役も務め、はじめての訪問客は、先生の邪魔をするなと、おこのに一喝されて追い返された。そうやって、おこのは大拙の学究を陰で支えていたのだ。

おこのとビアトリスは、お互いにことばがあまり通じないのによく衝突していたという。久美野によると、おこのがあまりに家のことに口を出すので、「私がこの家の奥さんで、あなたはこの家の奥さんではないのです」（『大叔父』）と、ビアトリスが怒ったことがたびたびあった。「おこのさんは、良くいえば一途、悪く言えば思い込みの激しい性格でしたから、この点ではビアトリスとは似た者同士」（『大叔父』）だと、久美野はいう。たとえぶつかることは多くても、動物好きのおこのは、ビアトリスの動物愛護園をよく手伝った。

そういうおこののことも大拙は気に入り、大事にしていた。「おこのの様な生き方こそ、禅的な生き方というのかもしれんぞ」と大拙が何度かいったのを、久美野は覚えている（『大叔父』）。

「大拙日記」のなかのアラン

大拙が付けていた英文日記（以後、「大拙日記」）では、一九二〇年にアランがはじめて登場する。一月一八日の記録に、「B. goes to Shoden with Allan.」とある。Bとはビアトリスのことで、Shoden は円覚寺内の正伝庵を指す。アランの戸籍上の年齢は三歳になる。この頃、大拙はアランを Allan と綴っていたが、この三年後くらいから次第に Alan に変わっていく。

ここで「大拙日記」の性質を、日記を翻刻したひとりで仏教学者の桐田清秀（一九四一―二〇一六）の記述にしたがってあきらかにしておこう（桐田清秀「注記　鈴木大拙英文日記について」）。大拙は一九二〇年頃から英文でこまめに日記を付けていた。これは日記を付ける習慣のあったビアトリスに倣ったものではないかと、桐田は考察している。「大拙日記」の原本は松ヶ岡文庫の門外不出資料になっていて、一九八〇年頃までは、その存在すらあきらかにされていなかった。原本の閲覧が許されている研究者は、いまでもごく限られているようだ。しかし、現在ではその内容は秘密ではなく、桐田と横山ウェイン茂人による翻刻が、「松ヶ岡文庫研究年報」誌上で二〇〇五年から順次公開されている。

桐田は、『大拙全集』第四〇巻の月報で、「大拙日記」の性質をつぎのように書いている。

「日記」には、私が見た限り、付け忘れということがない。大拙は数十年間、一日も欠かさず書いたと思われ、完全に習慣化していたのだろうが、大拙の生活への姿勢が窺《うかが》われる。「日記」は、必ずその日の最高・最低気温、天候、行為・行動の記述で構成されている。……行為・行動の記述は、主な書簡の発信・着信、来訪者の名前と訪問先、執筆・校正・校訂・読書・散歩等と記載され、大抵、午前、午後、夕刻で区分けして書いている。……「日記」には、その日の自分の出来事が書かれ、社会的な事件等はほとんど記述されていない。また、その都度考えたこと・感じたことも、身内の死のような例外はあるが、普通記していない。

「大拙日記」には日々の出来事が淡々と記録されてあるだけで、大拙の考えたこと・感じたことは、まず書かれていない。逆にいえば、考えたこと・感じたことが書かれてあれば、それは大拙にとって、とんでもない「大事件」だったといえよう。そういう「大事件」が、アランをめぐってたびたび起きている。

桐田によると、ほぼ完全な日記は一九二〇、二三―三三、三六―四八、五〇―五五年の三一年分で、一九四九年のものは一ヶ月だけ、五六―五九、六一、六二年は備忘録が松ヶ岡文庫に遺っている。残念ながら、大拙がもっとも活躍した一九五〇年代なかばから、最晩年の六〇年代の日記が文庫にない。このことに桐田は、「明らかにおかしい」と疑問を投げかけている。重要な時期の日記がなぜ存在しないのか、その詮索は本書の目的からはずれるのでしないでおこう。

「松ヶ岡文庫研究年報」に載った、桐田と横山による「大拙日記」の翻刻は、恣意的な編集のない信頼できるものだと思える。というのも、大拙のイメージを傷付けかねないような事実すらも、翻刻された日記のなかに出てくるからだ。

桐田は、「大拙日記」の翻刻出版に先立つ論文のなかで、松ヶ岡文庫に対してつぎのような提言をしている。

大拙を批判するのも評価するのも、その立論が何を資料とし、何に根拠をおいているのかにかかっている。資料は少しでも多い方がよい。この資料は価値がないから、都合が悪いから出さないというのはよくない。何故なら、それがあるという事実に反するからであり、「価値がない」「都合が悪い」という判断は、そう判断する人の時代・社会の制約と好みによる判断にすぎず、大拙の判断ではないからである。価値判断は、当然のことながら、人・時代・社会によって異なり変化していく。大拙に対する評価も当然異なるし変化していく。大切なことは、資料をありのまま、勝手な選択をせずに、発掘し提供することである。(桐田清秀「松ヶ岡文庫と鈴木大拙研究」)

歴史的な資料を持つ、すべてのひとや機関がこのような意識を持ってくれたら、歴史研究がどれほど進むか知れない。深読みすれば桐田の文章は、それまで大拙の資料は「ありのまま」でなく、「勝手な選択」をされたものが提供されていたという批判にもなっている。一方で、桐田らが翻刻し出版した「大拙日記」には、必ず書かれていたはずの気温や天候の記述が省略されているように思える。公刊された「大拙日記」は完全なものといえるのか、原本が公開されていないので、それを検証することができない。

とはいえ、桐田と横山は、記述の取捨選択をしない高い理念のもとに「大拙日記」を出版したのは事実だろう。こうして翻刻出版された「大拙日記」によって、アランの幼少期から青年期にかけての、父とのかかわりをあきらかにすることができる。

桐田は、増補新版の『鈴木大拙全集』の編者でもある。本書はその全集にも多くを頼っている。ところが、全集の完結にあたって、これは完璧なものではないと、桐田は警告している。

筆者の観念では、『全集』とは、その人が遺したものを、メモの類まで最大限収集・整理し、正確に翻刻し、細大漏らさず刊行したものである。もちろん、程度の問題があるが、少なくとも、最大限そのような努力をすべきである。しかし、今回の『全集』もプライバシーの保護等の時代的・社会的制約や時間的制約があり、協力者として最大限の努力を欠く点のあったことを反省している。（『大拙全集』第四〇巻月報）

図1　「大拙日記」中のアラン関連事項の記載日数

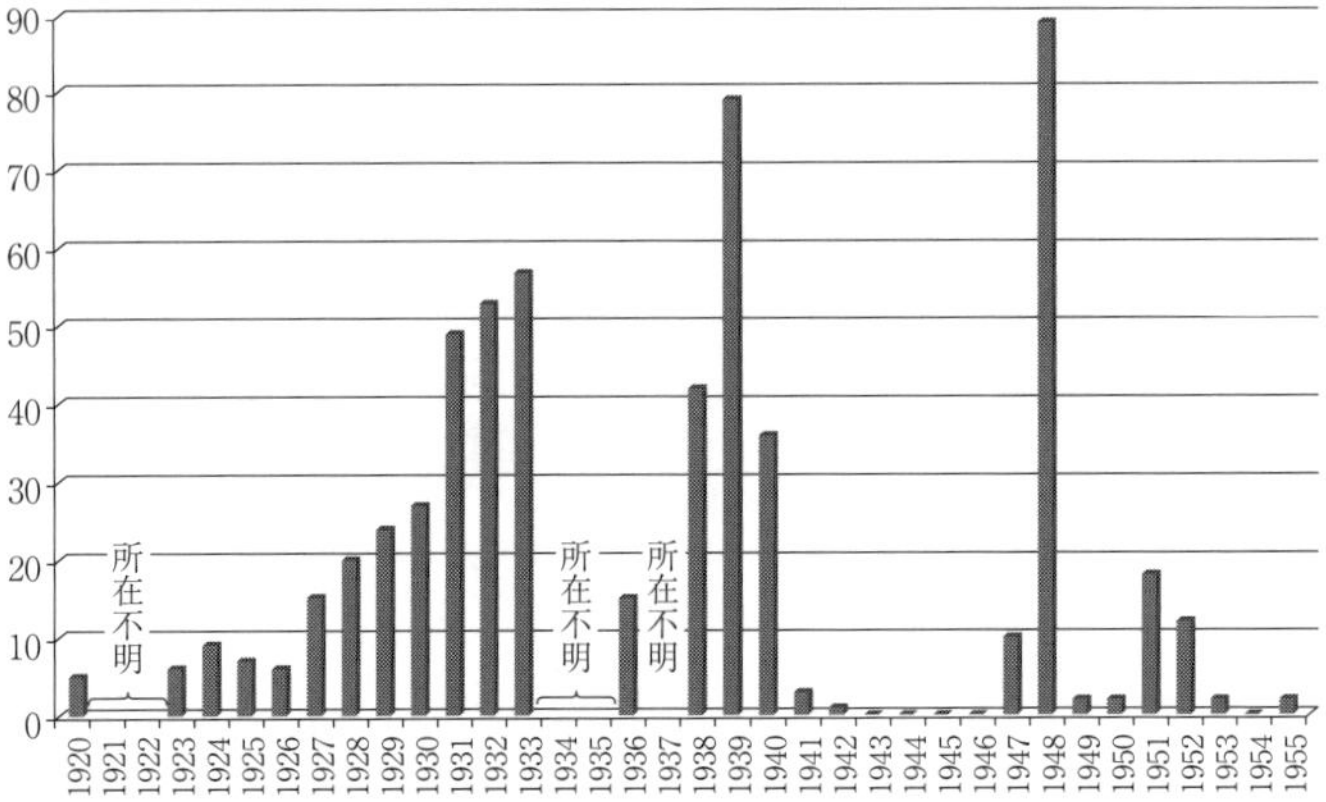

全集の編者がどのような制約を甘受しなければならなかったのか、ここでは一点だけ紹介しておく。それは、一九四一年に刊行された『一真実の世界』にある屠殺場の記述である。増補新版の『大拙全集』に収録するにあたって、「今日においては明らかに不適切な社会的差別表現がなされている」との理由で、編者はこの部分を削除している。削除部分の原典にあたると、シカゴの屠牛場で働くひとをみたときの、大拙の感想がみられる。一九六九年に出た旧版の『鈴木大拙全集』には、この部分の削除がなくそのまま掲載されている。増補新版からの削除を決定したのは、大拙の高弟の仏教学者で両全集の責任編者の古田紹欽なのか、それとも桐田を含む別人なのかはあきらかでない。記憶すべきことは、増補新版の『大拙全集』に入っている資料には、未だ恣意的な取捨選択があるということだ。

話を日記のことに戻そう。出版された「大拙日記」中で、アランに関する記述が出てくる日数を、年ごとにグラフにすると図1のようになる。日記がほぼ完全に遺っているという一九二三—三七年のあいだをみると、アランが一七歳になる三三年までは出現数が順調に伸びている。ただし、一九二一年と二二年、三七年は日記が所在不明で、三四年と三五年は本書執筆時点で未公刊である。内容的にはアランが思春期を迎えるにしたがって、彼が起こしたトラブルについてのものが多くなる。

日記がほぼ完全に遺っているもうひとつの期間である一九三八—四八年については、散発的に登場が多くなる年がある。アランが成人したあとも、大拙は彼の事を気にかけていたのだ。

日記への登場日数が多くなる一九三九年は、アランの最初の結婚をめぐって大拙に反対された時期、一九四八年は大拙に祝福されながら池真理子と結婚した時期と重なる。四八年の登場日数は八九日で、平均して四日に一度、大拙はアランのことを日記に書いている。一九四一—四六年の日記にアランがほとんど登場しない理由のひとつは、アランと最初の妻・ノブ（一九一六—二〇〇九）が上海にいた期間と一部重なるからだ。

大拙にとってアランは、幼少期はもとより成人してからも、日常の大きな関心事だったことがわかる。

大拙の扶養家族

大拙の家庭のことに話を戻そう。大拙が扶養していたのは、妻や子、女中だけではなかった。長兄の元太郎の長男・良吉とその子どもたちの経済的な支援も、大拙はずっとしていた。

良吉は青山学院高等科を中退して渡米し、現地で働いて学費を稼ぎながらハーバード大学やニューヨーク大学で学んだ。同時期に渡米中だった大拙は、ボストンやニューヨークで良吉と会い、自身も貧乏でありながら、良吉に財布ごと金をわたしていた（『大叔父』）。自分とおなじようにアメリカで頑張る甥に、大拙は情けをかけていた。

良吉は日本に帰ったあと、いとこにあたる初子と結婚する。初子は大拙の帰国直後、身の回りの世話をすることになる。良吉・初子夫妻には、玲（一九〇九—一九九〇）、焔（一九一二—一九二三）、旺（一九一四—一九九一）、久美野、伊智男（一九二〇—一九八五）の五人の子どもがいた。このうち長女の久美野は、『大叔父』を執筆した林田久美野になり、四男の伊智男はのちに大拙の養子になる。

彼らのうち、大拙がもっとも期待していたのが次男の焔だった。しかし焔は、小学校も終えない年で逝ってしまう。「余程よい頭を持って居た上に、人物もよかったようだが、学校で無闇に勉強させたもの故、一日一晩と病気しないで、脳膜炎か何かで、何の事なしに、悲しめる母の懐からすべり去った」（『百醜千拙』）と、大拙は嘆いた。

大拙が東京から京都へ移る前年の一九二〇年九月に、良吉は四二歳で病没する。遺されたのが三五歳の初子と、一一歳の玲からお腹のなかの伊智男までの五人の小さな子どもたちだった。良吉の父・元太郎と親戚一同の意向は、初子は再婚し幼い子は養子に出せということだった（『大叔父』）。それに待ったをかけたのが大拙だった。一九二一年五月三〇日の初子への手紙には、「今日の際、児供を皆散じ去《さる》わけに行かず、わしらの方へも一番末のを一人貰いたいと思えども、当時家内の事情急に其運びに到るを許さず、その故に、金の形でいく分の補助をしたいと思う」と書き送った。また、七月一日の手紙には、「とに角、あなたは良吉の形見を守り立て、一《ひと》かどの人物を作り上げて欲しい、これが母の大役である」と、初子を励ましている。しかし、初子の義父・元太郎は一九二五年六月に没してしまう。いよいよ窮した初子とその子らを、大拙は手紙に書いた通り経済的に助けつづけ、のちに末っ子の伊智男を養子にする。

しかしこれは、大拙の義侠心から出たことであっても、アランの教育にはよくなかったのかもしれない。遠い親戚に金をわたしつづける、裕福な親だとアランは思ったことだろう。父が甥の子どもたちにあたる又甥・又姪にしていたのとおなじことを求めたとしても、それはアランにしてみれば当然の要求だと思えたろう。

第2章　不良少年

格子なき牢獄

五〇歳で大谷大学に着任してからしばらくのあいだ、大拙は家族や女中とともに東福寺の塔頭・栗棘《りっきょく》庵や大谷大学の知進寮（現・大谷高等学校知進寮）などを転々として暮らしていた。そして一九二四年に、安宅弥吉が大拙のために建てた洋館が京都市上京区小山大野町に完成し、二六年三月にビアトリスと九歳のアラン、そしておこのも伴ってそこに落ち着いた。外壁はピンクで、門から玄関までアケビがアーチ状に枝を伸ばし、大きな銀杏の木もあった（『大叔父』）。この洋館は、本書の執筆時点で個人の邸宅として現存している。

亡くなった甥・鈴木良吉の妻・初子とその娘の久美野は、大拙に呼ばれてお手伝いとしてこの洋館に入った。ビアトリスがこの世を去り、アランも家を出たあとの一九四一年のことである。久美野は、ピンクの洋館のことをつぎのように記憶している。

あけびのアーチをくぐって、玄関を入ると、一階の左手は台所と食堂。突き当たりはトイレと風呂場。さらにその奥には古い和式の建物が付録のように付いていて、女中さんたちの部屋でした。その横に独立して書庫が建っていました。……二階は、大拙と亡くなったビアトリスの寝室。二つの部屋は廊下に出ずとも行き来ができるように部屋の中に扉がありました。廊下を挟んでおこのさんの部屋。さらにはアランの部屋。……なにより立派なのはビアトリスと大拙の各々の書斎で、壁面の棚は本でびっしりと埋まっていました。(『大叔父』)

二〇代だった久美野は、大拙邸での暮らしになじめなかったという。若い娘を心配してのこととはいえ、大拙は久美野が繁華街へ出ないように外出時間を細かく拘束した。また気丈なおこのとも、久美野は馬が合わなかった。「老学者の家の静かな生活は息が詰まるようで、もっと自分の自由が欲しい、平たく言えば習い事や、やりたい事を存分にやりたい」(『大叔父』)と思った。そして、大拙邸を映画のタイトルになぞらえて、「格子なき牢獄」と秘かに呼んでいた。「格子なき牢獄」――それはアランと同世代の普通の若者が感じた、大拙との暮らしのことだった。

大拙の不安

「大拙日記」をみると、一九二三年前半には当時六歳のアランが病気をしたことや、女中が突然辞めてしまって、アランが悲しんでいることなどが記録されている。かわいい盛りの子どもは、何をしても「やんちゃ」で済む。だが物事の善悪を知らなければならない年になっても、アランのいたずらと嘘はエスカレートしていった。

アランは、一九二四年四月に真宗大谷派の小学校に入学した。「大拙日記」によると、その翌月にさっそく、アランの非行（misconduct）の件で、大拙は小学校に呼び出されている。大拙と教師の面会は、一九二五年七月と二六年三月にも記録されている。

一九二六年七月一四日のビアトリス宛の手紙で、大拙はアランの虚言癖を心配している。アランは沼口という人物に頭痛を訴えたが、沼口のみたところアランはとても元気だった。頭痛はアランの策略だと大拙はいう。何かやりたくないことがあるときに、アランはいつも頭痛などを訴えはじめる、こういう習慣は止めさせなければならないと、大拙は妻に書き送った。

図2　1925年頃の大拙、ビアトリス、アラン。撮影者不明。

引用元：Sims. *Traces That Remain* (1989)

アランが乱暴な少年だったことは、林田久美野もはっきりと覚えている。

> 私がアランの少年時代について記憶していることといえば、あれはアランが小学校五、六年生だったでしょうか、京都から東京の我が家に遊びに来て、傍若無人に振舞った時のことだけです。少年のアランは屋根の上を駆け回った挙句、台所の天窓からヒョイと飛び込んできたり、塀の上

を走り回ったりして、私の母をハラハラさせました。

私にとって大事な母親を心配させる乱暴な子供という印象で、「早く帰ればいいのに」と思ったほどでした。（『大叔父』）

朝比奈宗源もまた、アランのやんちゃぶりを回想している。大拙らが大谷大学の知進寮にいた頃、宗源は二ヶ月ほどおなじ屋根の下に住み、大拙夫妻から英語を習いつつ、小学校に入ったばかりのアランの勉強をみていた。

一方、アラン君である。なかなかやんちゃであったが、ある日学校までついていったところ、校門に入るといきなりはだしになり、クツを手にもって後をも見ずに校庭の奥ふかく駆けこんでしまったのにはびっくりした。……すべてがわが国の子供にくらべて活発であった。（『人と思想』）

末尾の一文からは、異常な行動をするアランのことを、理解不能な異国人と宗源はみなしていたことがうかがえる。現代ならば、アランはきっと何かの病名が付くような少年だったろう。しかしこの頃は、ただのやんちゃな落ち着きのない子として、医学的に適切な対処もされないまま放置されていた。

アランが成長するにつれて、大拙の不安と心配はますます膨らんでいった。ビアトリスに宛てた手紙の端々に、それが読み取れる。一九二七年八月二三日の手紙には、アランが送るべき電報を打たなかったことを、「間違いなく、彼にはまだ責任感がない」（著者訳）と書き、アランのためには彼を学校の寮に入れるのがいいと書いている。アランの素行が自分の手に負えなくなることを、大拙は予感していたのだ。親元から離して私生活を学校にしつけてもらって、アランが矯正されることを大拙は願っていた。

しかし、大拙はアランを見放したわけではなかった。一九二八年九月一二日には、新学期を迎えたアランの様子を心配する手紙を、滞在先の正伝庵からビアトリスに送っている。とりわけ、二九年一月八日のビアトリス宛の手紙には、大拙の切実な思いが込められている。

アランの事には、根気が必要だ。いまの彼は多くを学ばないだろうし、学ぶ事への明白な好みもないようだ。だが彼がもっと大きくなれば、そなたが彼に注いだ愛情と努力を覚えているだろうし、それが人生を考え直すことにつながるだろう。教育とは概してそういうものだと、わしは考える。ひとつの途方もない結果だけを期待しないことが、教育の最大の秘訣だ。いつの日か、彼は目を覚ますだろう。（著者訳）

アランの難しさは、ただ乱暴な子だというだけではなく、実子として育てていた養子であり、もとは私生児だった可能性が高いことにある。将来、そのことを知ったときに、アランがいったいどうなってしまうのか、それは大拙にとってはいずれ起こる深刻な問題だった。

一九二七年に出版した『禅　随筆』に、「私生児を中心にして」という一節を大拙は書いている（初出は一九二四年九月の「中外日報」）。ある女教師が船旅の途中、男と関係を持ち妊娠してしまった。生まれた男の子は養子に出され、養父母をほんとうの親だと思っていた。実の母は「小母さん」と偽って、男の子と通信していた。ところが中学校へ上がるまえに、男の子は自分の戸籍の真実を知ってしまった。そして実の母である「小母さん」を訪ねてみたが、夢に描いていたような母子の対面とならず失望した。この話を紹介したあと、大拙はこう書いている。

こんな実例を目の前で見ると、平常から折に触れて考へさせられた諸問題が現実性を帯びて来る、その深刻さに撃たれる、早く何とかしなくてはと、妙に心がはやる。

アランの存在を抜きにして、大拙がこう書いたわけを理解することはできない。この文章の初出時にアランは八歳だった。自分の出自をアランが知るときのことを、その頃から大拙は深刻に思っていた。「早く何とかしなくては」と、大拙の心ははやった。

「私生児でなくても、これに似た境遇に育ちつつある青年男女も決して少くあるまい。それで問題は此の如き人々をどう救うかと云うに在る」と大拙はいう。彼の結論は、「私生の子は今日の処では宗教的に救うより外はない」だった。そして大拙は、これを霊的な自覚に結び付ける。

兎に角、一個の人間として生れ出た以上は、その発生の条件の如何に拘わらず霊的存在である。

眼を此に着けたいものだ。私生児という烙印は社会的につけられた、人からつけられた。併し神の目からは自分は一個の霊である。又人間最高の意識から見ても自分には社会的に判断せられぬ威厳がある、価値がある。

私生児にも威厳があると大拙はいう。アランもまた「一個の霊」であり、価値があると大拙は考えていた。そうだとするならば、アランの存在を疎む者は、大拙の気持ちをわかっていない。ずっとあとのことになるが、一九六二年の文章のなかで大拙は人工授精について論じている。夫婦のあいだに子がないからといって、夫でない男の精子による人工授精で生まれた子が成長し、そのことを子が知ったらどうなるのか。

いくら秘密にしようとしても、こんな事は、どこからかもれて来て、その人工的に生れた子供の耳にはいるに決まっている。子供の時代でなければ、いくらか年とって、自分の出処などを考えるようになった時、事実を知って来るに決まっている。生来の哲学者か宗教者でなければ、そのように「造られた人」は、心理的に、したがって道徳的に、その意識の上に、大波乱を生じ、精神的変調を来たすに相違ないのだ。その社会に及ぼす影響に至っては、図り知るべからざるものがある。これは当人の不幸なるのみならず、「父母」なるものの責任に関する事項である。一種の社会的罪悪だ。

父以外の精子による人工授精の子と養子とでは、事情の違う部分があるにしても、出生の秘密を知った子に生じる心の乱れは似ているだろう。実は、アランは自分が養子であることを、大拙から打ちあけられるまえから知っていた。この文章にはその経験が反映されている。そしてそれがアランの「精神的変調」の一因であり、その責任は自分にもあると大拙は思っていたのだろう。

大拙の教育論

そもそも、大拙は子どもの教育をどのように考えていたのだろうか。アランを養子にする前年にあたる一九一五年に出版した『向上の鉄槌』を読むと、現代の主流とは違って子どもに厳しくあたる教育方針の持ち主だったようだ。

それによると、日本の親は何でも子どもの言い張ることにしたがう。そうして育った子どもには、成長したあとの規則正しい生活、独立自尊、克己制欲を期待することができない。とくに豊かな家庭では、「わかさま」「おぼっちゃん」と呼んで子どもをおごらせ、堕落させる。子どもを虐待する必要はないが、就寝時間には床に入らせ、大人が食べているものを欲しがっても与えず、克己の心を養わせるべきだ。子どもの一挙一動、一言一行に注意し導こうと努めれば、短時間にこれを成し遂げられると大拙はいう。

大拙が久美野の母・初子に送った手紙は、この教育論に沿ったものになっている。一九二一年五月二七日の手紙には、「児供は出来るだけ良い教育を施こすが親のつとめなり、それがため倹約すべきは固より倹約すべし、児供も或る範囲内では物品の乱用をさせぬようすべし、此の如きこと既にありたりとすれば、此からは必要上自然に理会せらることと信ず」とある。

禅の老師は弟子に対してこと細かに教えたりはしない。大拙は一九一六年に出版した論考のなかで、禅宗の教育は個人主義だと書いている。弟子が参禅しても師は何も教えはしない。見解が違えば、違うといって追い返すだけだ。かみ砕いて教えてやることもできるが、それでは禅が死んでしまうと大拙はいう。子が自ら道を悟るまで、目をかけながらじっと待つ——大拙の教育方針は、こういうものだったのではないだろうか。

いわゆるスパルタ式教育の効用も大拙は認めていた。一九四三年に刊行された『文化と宗教』には、浄土真宗の僧・足利浄円（一八七八—一九六〇）の教育論に賛同して、「それから同氏の経験でも、少し低能な小児などは、良馬鞭影に驚くと云うようなことはないから、なぐりつけるなど云う手段も必要だとある。これは余程意味のある話だ」とある。そして神経の鈍感な者には、殴るなどの非常手段を用いて刺激を与えると、隠れていた能力を発揮する機会を獲得するという。

禅堂では、集中を欠いている修行者の背中を、先輩の僧が警策という棒で打つ。それは暴力によるしごきではなく、慈悲の棒だと考えられている。唐の徳山《とくざん》宣鑑（七八〇—八六五）のように、弟子に「三十棒」を喰らわせることで有名な禅僧もいた。禅を極めた大拙ならば、自分が導かなければならない者を打つことに、抵抗はなかったはずだ。傍若無人な振る舞いをするアランを、大拙は「低能な小児」とみて殴りつけていたことも、じゅうぶん想像できる。だが、それは戦前の親としては、ごく普通のことだったともいえる。

しかし禅宗では同時に、生まれたあとに身に付けたものを一切捨てて、赤児のようになれとも教えている。奔放な子どもだったアランに、大拙は禅の境地をみたりはしなかったのだろうか。釈宗演への追悼文のなかで、大拙は密葬の日のビアトリスと三歳のアランとの会話に触れている。宗演という生涯の師を失った悲しみに打ちひしがれる自分よりも、幼いアランのほうが悟りに近いと大拙は自嘲しているのだ。

小児　"Are we going to see Kwancho-San now?"
（これから［釈宗演］管長さんのところへ行くの?.）
母　"You won't see him any more. He's gone away to Buddha."
（管長さんにはもう御目に懸かれない、仏様のところへいらっしゃったので。）
小児　"Has he gone away to meditate with Buddha?"
（仏様のところへ坐禅しにいらっしゃったの?.）
母　"Yes, my dear Child."
（そう。）
之を聞いた彼は「おう」と云うた、そうして全く満足したように見えた。
小児の方が予よりも徹底して居る。

また、一九三九年の講演では、大拙が深く研究した江戸時代の禅僧・盤珪永琢《ばんけいようたく》（一六二二—一六九三）の少年時代のことを、つぎのように語っている。

ところで盤珪禅師は、少年時代はなかなかきかぬ気の子供であったらしい。今でいうと餓鬼大将で、何かというと子供の大将になって、そうして、喧嘩でもやるという時は真っ先になってやるというくらいな、すこぶるやんちゃな子供であったらしい。……そういう子供は、小学校でもかえって悪い方へ入れられている傾きがあるが、うまく先生の導きが行かんというと、その子供をしてますます傍《わき》へそらせるようになる傾向がある。で、よっぽど偉い先生が見て教育をせんければ、子供がかへって悪くなることがあるものだ。云うことをきかぬからといって、云うことをきかぬ人が悪いのではない。云うことをきかせるようにできない人がやはり悪い、といわなければならぬ。これは考慮をはらわなくてはならぬことだと思います。……このきかぬ気の子をうまく導かれたから、見事な発達をせられたに相違ない。こいつが崩れると悪い者になるでしょう。

盤珪のやんちゃさを、大拙はアランと重ねていたとみるのが自然だ。そのきかぬ気の子を導くことができなかったとすれば、それは親や先生など大人の責任だと、大拙はいっている。

幼少期のアランの奔放さから、大拙が得たものもあったはずだ。横山ウェイン茂人は、「この［アランの］問題に行き詰まっていた鈴木先生は、亡くなる五年前のある講演のなかで、禅悟の境地を子供の自然な大活動の飛んだり跳ねたりする境界と同一する、というようなことを言われました。おそらくこれはアランの問題で学んだ教訓の一つだったのでしょう」（『大拙全集』第三五巻月報）と書いた。だとするならば、アランの存在は、禅の境涯と社会性、悟道と親の努めのあいだにある矛盾のなかに、大拙を突き落としたのだといえよう。

親の望み

一九二九年四月、アランは京都府立第三中学校（現・山城高等学校）に入学した。大拙はアランを中学校の寮に寄宿させた。だが、何かと誘惑の多い京都よりも、世俗から離れて学生生活を送らせたほうが、アランのためになるはずだと考えていた。三中に入る直前の一九二九年三月二五日には、北鎌倉の正伝庵にいるビアトリスへの手紙で「もし彼が三中の寮に入らぬのなら、行くのに一番良い場所は、たぶん高野山［中学校］であろう。これ以上、京都に居るのは、彼の為にならんと思う」（著者訳）と、大拙は書いている。

大拙は、もともと京都の文化が好きではなかった。彼の主著のひとつ、『日本的霊性』（一九四四）を開いてみても、平安時代までの日本は「情性的生活」と括っている。『源氏物語』は「貴族生活の恋愛葛藤・政治的陰謀・官能的快楽・文学的遊戯気分・修辞的技巧などで充たされて」いるし、『枕草子』などは「思想において、情熱において、意気において、宗教的あこがれ、霊性的おのいのきにおいて、学ぶべきものは何もない」とまでいう。大拙によると、日本人が本当に宗教すなわち霊性の生活に目覚めるのは鎌倉時代なので、平安朝の文化などはそのための準備であった。浄土真宗の開祖の親鸞（一一七三―一二六二）にしても、流刑になって京都を出たから成熟できた。「京都には仏教はあったが、日本的霊性の経験はなかったのである」とも大拙はいう。京の都には、平安時代からつづく退廃的な文化があって、それがアランにも悪影響を及ぼしているとでもいいたげだ。

まともになってくれることを願いながら、実の子のように育ててきたアランを、大拙は手許から離して三中の寮へ入れた。子を外へ出す親の気持ちは、大拙も人並みだった。その年の四月には、手紙にも日記にもアランのことが多く書かれている。たとえば、四月二日のビアトリスへの手紙である。

アランは朝早くから出掛けて居る。彼は映画に行くのを許された事には感謝するが、本や学校に関係ある事に感謝しないのは愚かだ。彼は学者にはなれぬ。（著者訳）

大拙とビアトリスは、アランに学者になってほしかった。そのためには映画にではなく、本にもっと関心を持ってもらいたかった。翌三日のビアトリスへの手紙にはこうある。

次にわしが彼とやらねばならぬ仕事は、七日に三中へ行って彼を寮に入れる事だ。この如く、彼を中学に行かせるのは、わしにはとても負担になる。彼にそれだけの値打ちのある事を望む。彼の教科書は風呂敷に包まれたままで一顧だにされて居ない。……彼は表面的な、他人から見た外見や印象にばかり関心がある。彼はひとかどの人間になるのだろうか。これから二年経っても学問の方へ傾かなければ、残念だがわしらの望みはかなわぬ。（著者訳）

親の心配にもかかわらず、何かにつけて嘘でごまかす癖から、アランは抜け出すことができなかった。四月一〇日の、大拙からアランへの手紙にはつぎのように書かれてある。大拙はビアトリスと同様、アランに対しても英語で会話していたので、手紙の原文も英語である。

親愛なるアラン、——いま正伝［庵］に居る。一四日の日曜日迄には京都に帰る。おこのは、おまえが送った手紙を受け取って居らぬと云う。おまえは嘘をついてはいないか。おまえが沼口氏に手紙を書いたかも、わしは疑って居る。別府に居るママに手紙を書いているところか、既に書いたことを望む。もしそうでないなら、ママはひどく落胆するだろう。大事な話があるので、次の日曜の朝に会いたし。どうか頑張って、良い生徒になることを望む。父より。（著者訳）

これが、公開されている大拙の手紙のなかで、アラン宛のもっとも古いものだ。息子を叱責し、それと同時に期待も寄せている。大拙が望んだ日曜の朝の面会は、大拙の鎌倉滞在が延びたためかなわなかった。大拙は翌々日にもアランへ手紙を送り、寮での態度のことと、ほかにもいくつか大事なことを話したかったのだと書いている。

勉強をせずに遊びまわり、悪びれずに嘘をつくアラン。そんな息子と向き合い、いつかはまともになると信じ、慈愛を込めながら厳しく叱りつづける大拙。アランが子どもだった頃の親子関係の基調は、おおよそこういうものだった。

五月一二日に大阪の妙中寺で行った講演のなかで、大拙はこんなことをいっている。

だから真宗の阿弥陀如来が人を救いたいと云うのはどうも菩薩の本願として仕方がないのであ

る、救わずには居られないのである、イヤだと云って逃げても後から追いかけて来るのである。……救けてやろうと云うのが阿弥陀の本願であって、これはどうも仕方がないのである。子供の目から見ると、自分の自由がしたいので逃げ廻る、阿弥陀如来の目から見ると、それは本当の自由でないから可憐そうで仕方がない、何処迄も追っかけて助けてやろうと云うことになる。

表面的には浄土真宗を語っているようにみえるが、実は大拙はアランへの気持ちを語っている。アランと対峙することで、大拙は阿弥陀如来の本願に近付くことができたのだ。

荒れるアラン

大拙はアランの嘘を叱ったが、大拙もまたアランが養子であることを隠していた。アランの出生の秘密を大拙が打ちあけるのはずっとあとのことだが、アランのほうは中学生の頃には自分が実子でないことを、風の便りで知っていたのかもしれない（鈴木家遺族談）。嘘をつくなという父が嘘をついている――そういう矛盾がアランの心をいっそうねじ曲げた可能性がある。また、当時の日本ではハーフは珍しく、同級生らから「あいのこ」とからかわれつづけたことも想像できる。

大拙の期待をよそに、アランは中学校の寮に入っても落ち着くことはなかった。入学とほぼ同時に、アランはさまざまなトラブルを引き起こした。この頃、大拙がビアトリスに書き送った手紙には、アランに禅寺で作務をさせるのがよいか、やはり高野山へ行かせるべきか、といった相談がみられる。もっと厳しい寮生活がアランのためになると、大拙は信じていた。

京都府立第三中学校は、ラグビー部をはじめとする運動が盛んで、質実剛健な校風だった。寮の一隅には生徒監督室があり、軍からの配属将校が常駐してにらみをきかせていた。遅刻をした者はこの生徒監督室で油を絞られ、許可証をもらわないと教室に入ることは許されなかった。とはいっても、思春期の男子ばかりが通う学校なので、それなりに軟らかい面もあった。アランと同世代の卒業生の回想によると、学校近くの日活撮影所によく寄り道したという。遊びに行く先は女優の大部屋で、「かくれんぼうや鬼ごっこをして」女優たちと遊んだ。通学の市電のなかは、沿線にある女子校の生徒との逢い引きの場所だった。しかし男女交際には厳しい時代だったので、恋路がばれると停学や退学もあったそうだ（大橋忠也「三中行進曲」）。三中のこうした軟らかい側面は、アランにとっては喜ばしく、大拙にとっては苦々しかったことだろう。

この時期に、アランの人生にかかわるようになった人物に、弟子の岩倉政治がいる。岩倉は大拙から頼まれて、アランの更正に一肌脱ぐことになる。「大拙日記」によると、アランが中学に入った年の六月一日に、大拙の代わりに岩倉がアランの件で寮長と面会している。また翌一九三〇年二月二四日の「大拙日記」には、アランのことで岩倉と話をしたとある。

この頃から、岩倉はアランを自分の故郷の冨山県井波町（現・南砺市）へ連れて行くようになった。アランに真人間に育ってほしいという願いとともに、実の子でもない不良を厄介払いしたいという正直な思いも、大拙には芽生えていた。山本良吉への手紙には「わし方の小児は去年第三中学へ、すべり込んだ、出来ぬ上に、活動［写真］狂のようで閉口だ、どこか、遠方の寄宿へでも入れたいと思うが、よい処なきか、厄介千万である」と、また鈴木初子へは「勝は冨山へ休中やった、京に居ては百害ありて一利なければなり」と大拙は書いている。

「大拙日記」とビアトリスへの手紙から、この頃のアランの様子を読み解いてみよう。中学二年の夏に大拙は、京都帝国大学の学生をアランの家庭教師にした。アランは、遊び友だちになっていた鈴木旺（林田久美野の兄）と楽しく夏休みを過ごすつもりでいたので、大拙の計画に腹を立てた。ある夜、大拙はアランの態度を厳しく叱る。翌朝、アランは反省し、夏休みは勉学に励むと約束する。しかし、彼の成績は落ちる一方だった。

中学三年になった一九三一年五月には、アランが四月から三日と登校していないことを、おこの が発見する。そして大拙は、アランを高野山中学へ転校させることを真剣に考えはじめる。非行を叱れば、そのときは反省し二度としないと約束するが、アランはすぐにまたおなじことを繰り返した。

一九三一年六月一四日の「大拙日記」には、つぎのようなアランの行状が記されている。


昨晩一二時三〇分、アランがベッドに居ない事が分かった。家中探しても居ない。［部屋の］ドアには鍵がかかっていた。朝になるとドアの鍵が開き、彼は部屋の中に居た。［アランがいうには］ずっとクローゼットの中に隠れて居て、わしらはそこを探せなかった。午前中、彼と話した。（著者訳）

クローゼットに隠れていたなどというのは、子ども染みた嘘にしか思えない。夜中に家を抜け出して、どこかで夜遊びをしていたに違いない。

その夏、大拙はアランを岩倉政治に預けることにした。岩倉による大拙伝に、そのことが書かれてある。やや長くなるが、アランの思春期を知るうえで、たいへん重要な証言なので引用しておく。


ある年の夏、私は先生に呼ばれて、アラン君についての相談をかけられた。

「あの子を、この夏休みのあいだ、ひとつ君の郷里の家へつれていってくれんか。そこでうんと百姓の手伝いをさせて、きたえてほしいんだ。労働というものの大事さを教えてやってくれ」と先生はきわめてまじめであった——「やつはなア、このままじゃダメになるよ。夜勉強しているかと思うと、いつの間にか、二階の窓から綱をおろして、おもてへ遊びに行っている。西部劇だな。わしはまだよいとして、心配する家内がかわいそうでな」

若かった私は、複雑な気持ちでそれを聞いていた。当時アラン君はまだ小学校四、五年生だったろう。しかしこの眉目秀麗で早熟な少年は、すでにオートバイを乗りこなし乗馬をやり、西部のカウボーイ張りの投げ縄その他の芸当を愛し、とくいであった。形式的で偽善的な学校教育は、このエネルギッシュな、勘のよい早熟少年にはたえられなかったらしい。私は、単純に彼を責める気にはなれなかった。

だが若い時から、まともに誠実に人生を考え、その後、禅の修行に取組んできたような先生には、こういう野放図な当時のヌーベルバーグを自分の身近に朝晩みせつけられては、気持の上で耐えられなかっただろう。

実際一人の人間の教育を本気で考え出した場合、しばしばわれわれは、その人間とともに自分の全生涯を棒に振らねばならぬことさえあるものだ。仏教の研究とその世界的宣布の志願に生きる先生にとって、これはできることではない。

私は先生の希望を受けいれた。私はアラン君を、私の貧しい生家に「軟禁」して、炎天下に彼を野良へつれ出し田の草とりや草刈りできたえようとした。アラン君は私に抗議し、近くの町の乗馬クラブから馬を借り出して鎌倉あたりへ脱出するぞといった。私の郷里富山県の南西隅から鎌倉へ馬を飛ばすというのである。私は彼の本心を信じ愛していたから、泣いて彼を説得し思いとどまらせた。（『鈴木大拙の人と学問』）

文中、アランがひと夏を冨山で過ごしたのは、「小学校四、五年生だったろう」と岩倉は書いている。しかし、「大拙日記」と照合したところによると、これはアランが中学三年だった一九三一年のことだ。

それにしても、アランのやんちゃぶりがわかる回想だ。しかし岩倉は、それを一方的にアランの非とはしていない。大拙という特別な親を持つアランへの同情があったればこそ、岩倉は難しい教育係を引き受けたのだろう。

女遊びのはじまり

アランは活動的な子だった。思春期を迎えて性に目覚めると、そちら方面も人一倍「活動的」になった。先に書いたとおり、アランの正確な年齢はわからない。戸籍上の誕生日とされる日には、すでに一歳を過ぎていた可能性が高い。生来の気質に加えて、実年齢が学校の学年よりも高いとなると、アランが「早熟」だったこともうなずける。

一九三一年四月一日のビアトリスへの手紙に、「アランは複数人か一人かの女性から手紙をもらっている。ここに二通あるが、一人からに違いない。どういう女性なのか。こういうことは、彼にはまだ早いと思わぬか?」(著者訳)と大拙は書いている。息子に届いたラブ・レターらしきものが気になる、等身大の父親像がここにある。

「大拙日記」をみた限りでは、その方面の最初の「事件」らしきことが、一九三一年六月二八日に記されている。その日、アランは三日前から行方不明になっていた。大拙はおこのと岩倉に助力を求め、警察にも行った。失踪から六日後にアランは学校へ戻るが、すぐに早退したかと思うと、その夜に女性とともに現れた。

日記の記述は断片的なため、「事件」の詳細はわからない。たしかなことは、戸籍上一四歳の少年が学校の寮から六日間いなくなり、どうやらその「逃避行」に女性がかかわっていたらしいことだ。

大拙は将来についてアランと話し合い、下した結論がひと夏を岩倉とともに富山の田舎で過ごさせることだった。そして女性とともに帰ってきた夜から六日後に、アランは富山へ送られた。

林田久美野は、アランの女遊びのことも、苦々しさをにじませながら、つぎのように回想している。

その後、中学生になってからも何度かアランは我が家にやって来ましたが、その時は兄たち、玲や旺と遊び回るのに忙しく、三人で当時の盛り場、浅草へ繰り出したりしていました。……アランは遊ぶことにかけては、自分より年上の私の二人の兄たちなど及びもつかないほどの、情熱と才能を持っていたようです。

けれど、遊び好きな子供を、大拙とビアトリスが望んでいなかったのは確かです。しかも、子供が好む遊びなら御愛嬌ですみますけれども、アランは思春期を過ぎた一〇代半ばになると、嫌な言葉ですが、女遊びを覚えたと聞いています。アランは今でいうハーフで、背も高く、当然、人眼に立つ顔立ちなので玄人筋の女性からよくもてたそうです。

なにしろ、夜、京都の家の二階の自室からスッと抜け出し、朝方、トイをよじ登って自室に帰る、そんなことの繰り返しだったようです。(『大叔父』)

この頃、大拙とビアトリスは将来、久美野をアランの嫁にもらいたいと思っていた。もちろん、アランが真人間になったならばのことだろう。アランは久美野という許嫁の存在を、女性と問題を起こすたびに別れの口実に使っていた。久美野のほうは、アランが嫌いという以前に、「自分とは別世界に住む人間」(『大叔父』)だと思い、別に関心もなかったという。

大拙の性欲論

ところで、大拙は人間の性欲というものに、どのような考えを持っていたのだろうか。米国滞在中の一九〇〇年に、大拙は「性欲論」という文章を著している。ビアトリスとの交際がはじまるまえのこととはいえ、大拙のその方面の純潔さがよくわかるので紹介しておこう。

まず、性欲論を書く目的は、わが国の風俗の乱れを正し、個人の心霊的修養のために独身で通すことを弁護したいからだという。性欲は個体的活力をそぐことで種族の継続に貢献するものである。性欲作用は、個人の生涯にとっては、種族全体のための生物的犠牲にほかならない。

生殖力と脳力は反比例し、智慧あるひとが子孫に恵まれないのは既定の事実である。青年期に性欲におぼれると、身体の成長が阻害され心理的不具が生じる。倫理宗教上からみても、性欲乱行は自然と人格に対する罪悪である。

たとえ夫婦であっても、快楽のための交わりは姦淫になる。父母の肉欲の結果として生まれたと子が知れば、その子の性欲に対する観念は浅薄なものになる。子が性欲に走ったときに、その父母は子を正しく導くことができなくなる。

娼妓は絶対的に廃止すべきものである。身体に問題がある者は婚姻すべきではない。避妊はすべて罪悪である。願わくは内心を清浄にして、宇宙と人間存在の意義にかなった行いをしたいものだ。

以上が、大拙の「性欲論」の概略になる。ようするに性欲は罪悪であり、性の交わりは結婚した男女が子を作るときにだけ行うべきだというのだ。

男女の性愛についての大拙の考えは、ビアトリスとの出会いのあとも、根本的には変わっていなかったとみられる。親がこうだと、アランでなくとも子は息苦しいだろう。家庭で受けつづけた抑圧によって、アランの「素質」が大拙の理想とは反対の方向に開花してしまったとも考えられる。

高野山での「幽閉」

アランを岩倉政治に預けていた一九三一年の夏のあいだ、息子をどう教育したらよいのか、大拙は高野山に滞在中のビアトリスに手紙で相談していた。八月一二日には、「東京へ行く時にアランと会って、今年中に高野へ行くのが本当に良いか彼と話す。……すぐに実社会に出た方が彼には良いかも知れぬ。好きな事をやらせて、世間で何をするのが一番良いのか自分で見つけさせることだ。彼を救うのは厳しい人生だけだろう」（著者訳）と、大拙は書いている。

大拙夫婦が下した結論は、アランを誘惑の多い都会からすぐに引き離し、高野山中学校に転校させることだった。ビアトリスは真言密教の研究のため高野山にたびたび滞在していた。夫婦ともに霊場の雰囲気をよく知っていたことも決断の背景にあったろう。林田久美野は、アランの転校を「京都の府立中学から放校処分を受け」（『大叔父』）と書いているが、大拙の手紙や日記を読んだ限りでは、強制的な放校処分などではなく、自主的な転校だったとみられる。こうして、五年制だった中学校を半分終えたところで、アランは京都府立第三中学校を退学した。

かくしてアランは、一九三二年九月に高野山中学校（現・高野山高等学校）に転校し、そこの寮に入った。高野山の女人禁制は一九〇四年に終わっていたが、そこが浮き世から離れた宗教空間であることに変わりはなかった。そのなかでも中学校は周囲を山に囲まれた、ひとの気配のない谷地にあった。繁華街へ歩いて行ける京都とは、たいへんな落差がある。大拙とビアトリスは、そういった環境こそがアランには理想的だと思った。

学校自体が僧侶の育成機関だったことに加えて、一九三〇年代という時節柄、高野山中学校では厳しい教育がされていた。寮での平日の日課は、つぎのようなものだった。
起床　五時半（但し十二・一・二・三の四ヶ月間は六時とす）
掃除　起床より六時迄の間に室内掃除並に洗面了
勤行　六時より全舎生講堂に集合前後讃理趣経等にて行う
（中略）

放課後　報国健児団に属し訓練を受く
入浴　隔日開浴六時迄に入浴す
昏時勤行　四時半より五時までの間に於いて読経教授をなすことあり
夕食　五時（別衆食）
点検　各廊下に整列人員点呼を行い舎監より随時注意を与う（六時）
自習　六時より八時五十分まで各々自室に於て自習せしむ。絶対に他室との談話を禁じ舎監巡廻の上厳重監督に当る
就寝　九時消燈就寝せしむ（原田良祐、佐伯隆定編『学園回顧録』）

その頃は、日本軍の現役将校が学校に配置され、教育全般にわたって発言力を強めていた。校庭で軍事教練が行われ、軍隊への三日間の体験入隊を学校が生徒に命じた。軟派のアランが、それになじむはずもなかった。

繰り返された非行

高野山の宗教的な荘厳さのなかでも、アランは落ち着くことはなかった。また大拙は息子を遠くに離しても、縁を切ったわけではなかった。学校が休みのときには、アランは京都の家や北鎌倉の正伝庵に戻り、東京で鈴木旺らと遊んだ。一九三一年の冬に大拙は、目的こそわからないがアランを台湾へ行かせている。一九三二年四月四日の「大拙日記」には、アランと二時間の山歩きをしたとある。大拙は父としてアランの教育に引きつづきかかわり、またかかわりつづけなければならない状況だったことが察せられる。

アランを寄宿舎に預けたことは、はたして正解だったのだろうか？　それからおよそ五年後に書いた文章のなかで、大拙は日本の学校の寄宿舎を英米とくらべている。

維新以後の学校は何れも製造せられたもので、自然に発達したのでない。規則や制度は完備して居るが、それも疑わしいが、とに角、その中に精神がない、人間味が欠けて居る。どの学校へ行っても、人格を中心としたと思われる、活きたものをそこに認めぬ。これではいくら年数がたっても駄目と諦めねばならぬようだ。殊に中学校や高等学校の寄宿と来ては話にならぬ。あんな所から学者さえも出るか出ぬか怪しいが、人物ときてはその養成は皆目不可能と、予は考えたい。（『文化と宗教』）

学校の寄宿舎での教育に、大拙は満足しなかった。アランひとり、まともに導くこともできなくて、何が教育かと思ったのだろう。あるいは、かつて学習院で寮長をしていた経験も、この見解には入っているかもしれない。

おなじ年の七月二四日に、高野山にいるビアトリスに送った手紙で、大拙はアランと旺を円覚寺の塔頭・居士林で参禅させると書いている。

そこ［居士林］の規則では、彼［アラン］は早起きして掃除洗濯などをせねばならぬ。そこはいわば居士のための禅堂だ。他の者のように［老師に］参禅しなくても、彼は座禅しなくてはならぬ。監督者の若い男はいたく熱心な男で、いつもそこに居る。わしはアランのことを特別に面倒を見てもらえるよう、頼むつもりだ。（著者訳）

『大拙全集』の編者は、この文章の直後の一段落を削除したと注記している。旧版の『大拙全集』には、この手紙そのものが掲載されていない。文章の流れから推測するに、何かアランのことで公にできないことを、大拙は書いた可能性がある。こうした隠ぺいは、大拙像をゆがめてしまう。いや大拙のイメージをある方向へとゆがめることが、こうした削除のひとつの狙いなのだともいえる。

一九三二年の夏のアランは、例によって鈴木旺らと東京で遊び回り、休みあけには病気をして一〇月まで京都の家で養生していた。九月一六日の「大拙日記」には、アランはサナトリウムの医師の診察を受けたとある。また一〇月一八日の鈴木初子への手紙で大拙は、初子の長男・玲の病気を見舞いながらアランのことに触れ、「〔病気は〕空気と日光が余程関係する」と書いていることから、おそらくアランは肺の病にかかったのではないだろうか。

おなじ年の一一月九日の「大拙日記」によると、アランはついに高野山中学校から停学処分を受ける。その理由はわからない。おこのがすぐに高野山へ向かい、大拙も学校へ手紙を書くなどの対応に追われた。

奇しくもほぼおなじ頃に、アランの遊び仲間の鈴木旺も、おそらく素行不良で学校を退学になっている。そのとき、大拙が旺に書いた手紙が遺っている。大拙は、初子の子供たち（玲・旺・久美野・伊智男）を自分の子のように経済的に援助していた。大拙が、出来の悪い子を諭すときの調子がわかる文面なので、紹介しておこう。

禍を転じて福となすところに男児の意気がある、近来の学生多くは優柔不断大いに唾棄すべし、其轍を踏むべからず、雄大の気と、不屈不撓の精神とを以て、どこへなりと、出て行くこと尤も然るべし、今日の心をわするべからず、喉元過ぐれば熱さを忘ると云うことあり、理屈は何と云っても、男児は意気を貴ぶ、気概がなくてはならぬ、今日の事、却て好個の刺激とならんも知

れず、発憤努力すべし

一二月二七日の「大拙日記」に「アランと将来の勉強の事を話した」と、また翌年三月二六日にも「アランと真剣な話をした」とある。アランに対しても、大拙は英語で「発憤努力すべし」といったのだろうか。そんな忠告も、アランの心に深く染み入ることはなかった。

一九三三年四月一〇日のビアトリス宛の手紙に、引用の形でアランの肉声が登場する。春休みを鎌倉で過ごして大拙とともに京都へ戻る日の朝、大拙は再びアランの学習態度を説教した。そのときアランは、「パパとママがこんなに心配しているのに、予想通りの悪いことをすると思う?」と答えたという。もちろん、大拙はそんなことばを信用しなかった。案の定、京都へ戻る途中、列車が静岡駅に停車したわずか一分くらいのあいだに、ふたりの女性がアランに会いに来ているのを、大拙は目撃することになった。

「大拙日記」によると、その年の秋にアランはついに高野山中学校で暴力事件を起こした。大拙は高野山へ飛んで行き、校長らと会い、おそらく寛大な処分を求める内容の嘆願書を書いた。そして裁判所の係官とも会い、被害者に賠償金を支払った。

大拙のおかげでアランは退学にはならず、翌一九三四年三月になんとか高野山中学校を卒業した。大拙はアランに厳しい態度を取った一方で、息子をほんとうに切り捨ててしまうことはできなかった。そういう手助けがアランのためになったのかどうか、結論を出すことは難しい。

第3章　秀才の片りん

日米学生会議

高野山中学校を卒業したアランが選び、そしておそらく大拙も認めた進学先は、京都の自宅からほど近い同志社大学だった。大学でも寮に入ったが、大拙のいる自宅にはよく出入りしていたようだ。アランは大学では英文学を学んだ。この時代のアランについては、大拙は中学時代ほど頻繁に日記や手紙に記録を遺してはいない。ただし前述した通り、一九三四年と三五年の日記は、所在不明で確認できていない。

大学時代のアランは、一族の誇りになるような輝かしい足跡を残している。それは、日米学生会議の代表団に二年つづけて選ばれたことだ。

日米学生会議とは、米国の対日感情の改善と日米相互の信頼回復を目指して、両国の学生が交流する会議だ。一九三四年の第一回会議にはじまり、戦時中の中断をはさんで現在までつづいている。いまではたいへん伝統ある会議になっている。この代表団に選ばれた学生には、社会人になってから日米の政財界・学界の要職に就いた者が少なくない。参加者にとっては、超エリート・コースの第一歩となりうる会議なのだ。

アランと同時代人のOBでは、元首相の宮澤喜一（一九一九―二〇〇七）、三菱銀行副頭取などを努めた山室勇臣（一九一七―二〇一六）、三菱商事副社長などを努めた苫米地俊博（一九一六―　）、元大徳寺龍光院住職の小堀南嶺（宗柏、一九一八―一九九二）らがいる。さらに時代を下がれば、元米国国務長官のヘンリー・キッシンジャー（一九二三―　）、元米国通商代表部日本担当部長のグレン・S・フクシマ（一九四九―　）、政治学者で参議院議員の猪口邦子（一九五二―　）、脳科学者の茂木健一郎（一九六二―　）らも、日米学生会議のOB／OGである。

日米学生会議は、両国の学生による自主的な会議としてはじまった。学生が自ら企画を立て、スポンサーを募り実行した。日本側は日本英語学生協会という団体が受け皿になった。この会議は毎年、日本とアメリカで交互に開催され、両国からそれぞれ五〇―二〇〇名の学生が参加した。会議そのものは一―二週間だったが、ゲスト国からの学生は、往復の船旅を含めて数週間も寝食をともにした。当然のこととして、そこでさまざまな友情やロマンスが生まれた。

一九三四年の第一回会議は、青山学院大学で開催された。その日本側の代表者は、のちにNHKラジオの英語講師を二二年間努めて、日本の英語教育に大きな足跡を残した松本亨（一九一三―一九七九）だった。第二回はオレゴン州ポートランドのリード・カレッジで、そしてアランが最初に参加した第三回は、一九三六年八月に早稲田大学で開催された。

名うての遊び人で、少なくとも大学に入るまえは勉強もせず、問題ばかり起こしていたアランが、なぜそのような秀才が集う会議のメンバーに選ばれたのだろうか？　学者夫婦に育てられたアランが、世間並み以上の教養を備えた文学青年でもあったのは確かだろう。考えられるもうひとつの理由は、アランが日英の完全なバイリンガルだったからだろう。第二回のポートランドでの会議に参加したある日本人の女子学生は、「アメリカの女子学生たちはスラングなまりの言葉を早口でしゃべっていた」（関口和一編『開戦前夜のディスカッション』）という。またおなじ会議に参加した松本亭は、つぎのように回想している。

討論と言っても、日本対アメリカの討論と言うよりは、米国人学生間の議論を日本人学生が不思議そうに眺めているようなものであった。何か重大な質問が日本人に対して発せられると、即座に返答する者はなく、相談してから代弁者を選んで答えなければならない始末であった。（『開戦前夜のディスカッション』）

たとえ秀才でも、当時の日本人学生の英語力はそんなものだったろう。相手の問いかけを即座に理解し答えなければいけない場面で、アランの言語能力は活かされただろうし、日米の両方の学生から頼りにされたに違いない。西洋人の容貌をしたアランが日本側にいたことも、日本の国際性を無言でアピールすることになっただろう。日系のアメリカ人がいるように、アングロ・サクソン系の日本人も、この通りいるのだと。

アラン、禅を語る

一九三六年の第三回日米学生会議には、米国代表団の学生として四三名、日本側はその四倍以上の一八五名が代表に選ばれている。参加者は経済・文化・宗教・政治の四委員会に別れて円卓会議を行った。アランは宗教委員会に入った。ちなみにこの会議には、アランの最初の妻になる久保ノブの姉・まち子も、経済委員会のメンバーとして参加している。

アランが参加した宗教委員会のプログラムをみると、他の委員会と同様、幅広いテーマで議論がされている。まず宗教と生活について全メンバーが意見を述べる。それから仏教・神道・キリスト教を軸に、哲学・科学・芸術との関係、それぞれの宗教の比較、経済・政治・文化・教育との関係を議論する。さらには国家主義・社会事業・人種問題・宗教間協力、そして日本とアメリカにおけるキリスト教へと話が進む。

委員会は五日間にわたって行われた。速記録のようなものはないのだが、会議後に出版された報告書のなかに、参加者の発表の要約が載っている。そこに同志社大学の鈴木勝による発表要旨がある。

アランというひとについては、そもそも記録がほとんどない。とくに本人の筆による長文は、片手で数えられるくらいしか遺っていない。そんななかでこの発表要旨は、青年時代のアランが自らを表現した、とても貴重な記録である。

アランの発表テーマはなんと、「禅仏教とその日本文化への影響」だった。原題は〝Zen Buddhism and Its Effects on the Culture of Japan〟である。このタイトルは一九三八年に出た大拙の主著のひとつ、『禅と日本文化』（原題は“Zen Buddhism and Its Influence on Japanese Culture”）と酷似している。いや、正確にいうとアランの発表のほうが大拙の本よりも二年弱ほど早いので、大拙の本がアランの発表タイトルと酷似しているというべきだろうか。とはいっても、そのようなテーマや内容をアランが自分で独自に考えたとは思えない。大拙の講演原稿や本の草稿、雑誌論文などで勉強して、その論旨を作ったとみられる。実際のところ、アランの発表は大拙の日本文化論を出るものではなく、父の前年の講演録には似た表現もある。

アランは大拙の受け売りをしたと、片付けるのはたやすい。しかしそうするまえに、この息子が父の何をまねようとしたのか、それをみておきたい。

禅仏教が日本に紹介されてから八〇〇年の歴史のあいだ、それは日本人の心を形作り、発達させる助けとなった。実際、その国の文化史のすべてのページには、ひとびとの知的、美的、そして精神的生活に、禅が何らかの貢献をしたことが記録されている。それゆえ、禅の精神をぼんやりとも理解しないで、日本人の心理と文化を理解することはとうてい不可能だと、わたしは思い切っていおう。とはいえこのことは、「禅とは何か？」の説明を求められる地点へと、わたしを連れて行く。しかしそんな試みは、わたしのような学生にとっては虚しい課題（vain task）だ。それでも、もしキリスト教の教えと解釈が「神への無条件の信仰」に還元されうるのなら、禅の教えと哲学は、つぎのことばに還元されるだろう。それは、「直感を通して真理を悟り実感すること（“Enlightenment and the realization of truth through intuition.”）」である。（著者訳）

禅は日本人の生活のすみずみに入り込んでいるので、それを理解しないで日本文化は理解できない――これはまさに大拙が『禅と日本文化』でいわんとしたことだ。しかしアランは、禅を説明することは学生の自分には無理だと、謙虚に認めている。これは父の学問が自分の理解力をはるかに超えていることに、打ちのめされているのだろうか。それとも、禅とは何かと聞かれても自分はわからないから、聞いてくれるなという防衛戦を張っているのだろうか。

禅とは「直感を通して真理を悟り実感すること」と、アランは定義した。一九三六年以前の大拙の文章のなかに、これとまったくおなじ表現がないか探してみたのだが、管見した限りではみつからない。しかしこの定義は、大拙が説明した禅の枠内にあることはまちがいない。

アランは発表で何といったのか、少し飛ばしながら紹介する。禅仏教の直感的な哲学は、俳句と墨絵によくあらわれているという。さらには、絵画・彫刻・建築・音楽・演劇・庭園・茶の湯・生け花・剣術にも禅の深い影響があると、アランは話した。大拙は音楽や演劇を論じたことはあまりなかったが、アランの論旨は全体として大拙の手のひらの上にある。とくに、茶の湯と剣術における禅は、『禅と日本文化』で大拙が強調したトピックでもある。

芸術、習慣、文化、思考、そして人生観と世界観に、禅哲学と日本仏教全般は永続的な影響を残し、これらの痕跡は日本の現在と未来へ向けて、枯れることのないインスピレーションの源泉になるだろう。

したがって、そのひとびとを理解し、彼らの文化を知ろうと本当に願うのならば、仏教の心と禅の精神に隠されたものを探す努力を最初にするべきだ。そうすれば、霧の朝に昇る太陽のかすかな光のように、日本とそのひとびとが、あなた方の心に次第に近付いてくるだろう。（著者訳）

最後のところで、アランは日本人を「そのひとびと」（the people）、日本文化を「彼らの文化」（their culture）と、一歩引いた立場から書いているのが、やや気になる。自分を日本人の側に完全には置いていないとも読める。だとするならば、アランのアイデンティティーが日本にあったのか、西洋にあったのかを考えるのによい手がかりになる。だが、英語では自分のことを三人称で客観的に書くこともある。最後の一文では自らを日本の側に置いて「あなた方」と呼びかけている。したがって、この部分でアランの立ち位置は判定し切れない。しかし、アランがこの発表を日米の秀才のまえで行ったときが、彼の生涯で大拙の思想にもっとも近付いた瞬間だったことは、確実にいえる。

城山三郎の誤解

戦前の日米学生会議のなかでは、一九三九年にロサンゼルスで開かれた第六回会議がよく知られている。東京帝国大学の学生だった宮澤喜一が参加し、その会議を作家の城山三郎（一九二七―二〇〇七）が『友情　力あり』（一九八八）というノンフィクション小説にしたからだ。『友情　力あり』には、この会議に慶応大学から参加した、佐々成英という人物が登場する。この佐々の人物像が、あまりにも多くの点でアランと重なるのだ。日本からの一行が太平洋をわたってサンフランシスコ港に着き、市内観光に繰り出したときの出来事として、城山はつぎのように書いている。

サンフランシスコで市中見物中、不幸な事故が起こった。
慶応の佐々成英が船酔い薬のせいでふらついたところを車にはねられ、歩道にたたきつられた。
佐々の父は、大谷大学やコロンビア大学で禅を教えた学者だが、母は英国人。
佐々は母親似のため、この先、しばしばアメリカ側代表とまちがえられた。もちろん、学生代表団の中でも佐々の英語力は抜群であった。

佐々という学生の父は、大谷大学とコロンビア大学で禅を教えた学者だという。大拙がコロンビア大学で教えるのはずっとあとのことだが、そんな学者といえば大拙をおいてほかにいない。しかも佐々の母は英国人で、自身も抜群の英語力だったという。アランの母のビアトリスは、英国貴族の家系だった。

佐々成英とはアランのことなのだろうか？

第六回日米学生会議の報告書である高柳賢三編『学生日米会談』（一九三九）をみると、たしかに慶応大学の佐々成英という学生が参加している。同報告書には米国滞在中の出来事や学生の印象記が載っているが、佐々の事故の記録はみあたらない。何よりも違うのは、アランが参加したのは宮澤や佐々が参加した第六回ではなく、一九三七年の第四回日米学生会議だった。

城山三郎が描いた佐々成英のその後は、アランとは決定的に違う。城山は先の文章につづけて、こう書いているのだ。


ただし、佐々は不運に生まれついていた。

まもなく太平洋戦争となり、混血児の身にはとくにつらい歳月が流れ、その歳月さえ長く続かず、戦死を遂げている。


もちろん、アランは戦死などしていない。それではなぜ、城山はアランこと鈴木勝と佐々成英を混同したのだろうか？　あるいは、城山は鈴木勝をもとに佐々成英の人物像を創作したのだろうか？　だがその点をフィクションにしなければならなかった理由は、どこにもみあたらない。結局、佐々成英とはだれなのか、いろいろ調べてみてもわからない。やはり単純に鈴木勝と佐々成英を混同した、城山三郎の誤解だったのだろう。たとえ事実に完全に即していなくても、小説だからといってしまえばそれまでだが。

アランの渡米時期を誤解したのは、城山だけではない。アランのことを個人的によく知っていた林田久美野も、城山とおなじ誤解をしていた。子ども時代に奔放だったアランを振り返りつつ、つぎのように書いているのだ。

それからのアランについては、昭和一四年（一九三九）には日米交換学生会議で、後に首相になった宮沢喜一氏らと共に渡米したりしていますが、身持ちは少々悪くても、大拙やビアトリスとは、また違った才能の持ち主だったことは疑えません。（『大叔父』）

久美野までがなぜこんな誤解をしたのか、これもまた謎である。その理由の詮索はあきらめることにして、アランが実際に参加した一九三七年の日米学生会議の様子を、その報告書からあきらかにしよう。

二度目の日米学生会議

一九三七年七月一五日、日本郵船の貨客船・浅間丸が、四八名の日本人学生（男子三五名、女子一三名）と二名の引率教員を乗せて横浜港の桟橋を離れた。五色のテープが風にたなびき、出航を告げる銅鑼の音と汽笛、「蛍の光」のメロディー、見送りの家族らからの声援に学生たちの心は引き締まる。

浅間丸は横浜・ホノルル・サンフランシスコを結ぶ豪華船で、食堂に大理石を使うなど欧米式の内装とサービスを誇っていた。重量は一万七〇〇〇トン、全長は一七八メートルあり、その姿は「太平洋の女王」とも呼ばれた。

おなじ時期に北米航路に就航していた氷川丸が、博物館になって横浜の山下公園で公開されていて、当時の日本の豪華客船の甲板や客室、食堂などをみることができる。ぜいたくな内装を施し、欧米人をターゲットにした食事やサービスを提供していた様子がわかる。浅間丸は氷川丸よりもやや大きい船だが、それでも太平洋の荒波のなかでは、さぞかし揺れたことだろう。船内では娯楽も限られ、会議に臨む代表団にとっては、勉強と準備に集中できる空間だった。

浅間丸の船中での生活は、さながら学校だった。朝七時に甲板に集合して朝礼、食事をして九時頃から各自の勉強をした。午後はグループに別れての研究会があり、夜はそのつづきか自習の時間に充てられた。サンフランシスコ到着までに、全員がレポートを仕上げて引率教員に提出しなければならず、勉強はまじめにした。おりしも出発の一週間ほどまえに北京で盧溝橋事件があったばかりで、東アジアでの日本の行動に世界の関心が集まるなか、国を代表してアメリカに対峙するのだという気概が、学生たちにはあった。

とはいっても、そこは二〇歳前後の若者のことである。船中生活が一週間も過ぎると寝坊組があらわれ、朝の集合時間を七時半にする運動が起こったが、正論組に跳ね返される。アメリカで恥をかかぬようにと、甲板で社交ダンスの練習もはじまった。男女が体を接近させるダンスなど、だれも経験がなかったのではと思いきや、そうではない。意外にも女子学生の大多数は社交ダンスの心得があった。西洋式の教育を受けた良家のお嬢様ばかりだったのだ。それに対して男子学生でダンスの経験者は四―五人だった。予想に違わず、ダンスが上手な男子四人の筆頭は「鈴木」である。あらゆる場所で男女が厳しく別けられていた時代に、ともに一ヶ月もの旅をしながら意見を交わし、練習といいながら社交ダンスもするのだから、学生たちには楽しい日々だったに違いない。

ホノルル経由の二週間の旅を終え、学生たちを乗せた船は二ヶ月前に開通したばかりの金門橋をくぐって、七月二八日にサンフランシスコに入港した。代表団はダウンタウンのホテルに入り、その独特の美しい町並みと涼しい気候に驚きながら散策を楽しむ。路上の少年が売る新聞の一面には、日支事変を伝える太い活字が踊っていた。

学生たちは数日をサンフランシスコで過ごしてから、会議のあるスタンフォード大学へ移動し、開会式に臨む。会議は八月二日から一週間にわたって行われた。アメリカ側の代表学生は七九名。メンバーは「文化部教育問題」「Japan's and America's Economic Stake in the Far East（極東に於ける日米両国の利害）」「太平洋国間に於ける軍備及び国防問題」「日米両国に於ける政府と個人との関係」「日米に於ける結婚　家族生活に就て」「日・米に於ける労働問題」「現代生活に於ける道徳的並に精神的価値」「World Society and the National State（国際社会と国家）」「The Role of the Arts（アーツの役割）」の九つの円卓会議に別れた。会議は部外者を締め出し、完全非公開で行われた。

アラン、日本的なるものを語る

これらの円卓会議のうち、アランが参加者に名を連ねたのは、「日米両国に於ける政府と個人との関係」「日米に於ける結婚　家族生活に就て」「The Role of the Arts」のみっつである。「日米両国に於ける政府と個人との関係」では、「憲法制度の比較」「政府の経済活動に対する態度」「国民及び市民の政治的現状」「所謂政治推進力に関する問題」が、「日米に於ける結婚　家族生活に就て」では、「婚姻及結婚生活に就て」「家族組織について」が話し合われた。宗教が議題になった「現代生活に於ける道徳的並に精神的価値」にアランは参加せず、大正大学の宮村隆通が仏教や禅を語っている。

アランが中心になって活躍したとみられるのは、「The Role of the Arts」だったようだ。事後に出版された報告書に、アランが日本語で書いたまとめが載っている。


文化部の第九項目に当る“The Role of the Arts”の部に一週間ブッ続けに閉籠り「日本的なる物とは何んぞや」及び日本古代美術、建築、花道、茶道、武士道等の所謂日本的なるもの、説明に会議を過してしまった事は自分一個人として聊《いささ》か物足りなく感じた様な訳であるが、自分の、微力ではあったが、其説明によって此のグループを通じ、少しなりとも彼等アメリカ学生の日本に対する一面の認識と興味を深め得たならば、此上ない満足と喜びを感ずる次第である。

（宮村隆道編『ルポルタージュ』）


アランはこの会議でも、大拙の受け売りをするはめになった。父の説を使ってアメリカ人の日本理解を深めようとする「ミニ大拙」に、アランはなってしまった。彼はそんな場に居心地の悪さを感じたようだ。「日本的なるもの、説明に会議を過ごしていいてしまった」という言い回しに、アランの気持ちがあらわれている。

つづけてアランは、日本が西洋文明を輸入しわが物としつつ、それでも独特の精神文化を伝えていることに、アメリカの学生は驚愕するだろうという。またアランは円卓会議の議題をあえて和訳せず、“The Role of the Arts”のままで通したことを強調する。英語の“Arts”にぴったり当てはまる日本語の単語はないと、アランは考えた。“Arts”は、美術・芸術・芸能・技芸など、日本語のたくさんの意味を含んでいるので、とてもひとことではいいあらわせない。アランの悩みは現代の人文学者の悩みでもある。

アランにいわせると、このグループの「特殊性」は、議題が翻訳できないことのほかにもあった。

此グループの特殊性はそればかりでない。会議の一週間中此グループの議事の進行に勤め、グッと広い、多少陰気な感じを與《あた》える美術教室に一種の色彩と活気を與えたチェアマンが心身共に軽快なハリウッドのレビュー・ガールを思わしめる可憐な一女性であった、と云う点もある。(『ルポルタージュ』)

いったい何に気を取られていたのかといいたくなるが、何ともアランらしい報告だ。日本文学史に関する彼女の知識はじつに驚くべきものだったとも、アランは付け加えている。

アランはここでやや本質的な疑問をぶつける。日本の生け花、庭園、茶道、古代美術と、現代日本の社会状態や失業救済とのあいだには、およそ天地の差がある。しかしアメリカでは国が音頭を取って、失業救済と芸術振興運動が手をつなぎ、社会的に意義のある活動になっているという。そこにアランは、アメリカの資本主義の先進性をみた。

会議では、日本の文化についてアメリカ側が尋ね、日本側が説明する場面が多かった。おそらく大拙の日本文化論を聞きかじっていて、しかも英語が抜群にできるアランが説明に追われたのだろう。それが彼には不満だったようだ。

アメリカ側のある学生の問いかけが、アランには印象深かった。それは、伝統的な精神文明や日本的なるものが産業化される将来、それが日本の社会状態とどう結合するのだろうかという問いだった。アランの答えは、「芸術に於ける伝統は骨董品的存在として残り、所謂日本的なものは「その時代の社会状態、あるいは現在とは」異なった形態を取って矢張存在するであろう」だった。彼の教養の高さがうかがえるやり取りだ。

「兎に角古めかしいと云う意味に於ても、凡《あら》ゆる意味に於て此部は各部門中の特殊な存在であったと云えよう。」アランは円卓会議の報告を、そう結んでいる。ここには成人したアランの、大拙の仕事に対するみかたが明確にあらわれている。父がやっているような日本の精神文化や伝統的なことは、彼にとっては「骨董品的存在」なのだ。それはそれとしてこれからも存在するだろうが、現代社会が求めるものとは異なる。自分は父とは違う道を行く――これがアランの意思だったと思う。

一週間の会議を終えた一行は、それからサンタ・バーバラ、ハリウッド、ロサンゼルス、ポートランド、シアトルを見聞して九月一〇日に横浜に帰着した。こうして、およそ二ヶ月にわたるアランのアメリカ体験は終わった。

大拙の無関心

アランが日米学生会議の代表団に選ばれた理由は、彼が文学青年だったことに加えて、その英語力によるところが大きかったろう。あるいは親が高名な学者だからという理由もあったかもしれない。いずれにしても、超エリート学生が集まる会議に二年つづけて選抜されたのだから、本人にとっても親にとっても誇るべきことだろう。

しかし、アランの日米学生会議参加に、大拙が関心を持った形跡はみあたらない。公表された日記にも手紙にも、その他の書き物にも、大拙は日米学生会議のことを何も書いていない。一九三六年の早稲田大学での日米学生会議の期間中は、大拙はヨーロッパ・アメリカを旅行中だったので、アランの会議のことを何かに書く機会に乏しかったのかもしれない。アランがアメリカへ行っていた一九三七年の夏は、大拙はいつものように京都と鎌倉で過ごしていた。

素行に手を焼いていた息子が、日本の学生の代表になった。そればかりか、自分の著作からいくばくかを学び取り、国を代表して禅や日本文化を語ったのだから、普通は親として何かしらの感慨があり、日記や手紙に書いてもよさそうなものだ。

想像するに、アランの洋行のために大拙はいつものように資金を出しただろう。しかし、そこでアランが何をするかには、深い関心はなかったのだと思う。表面的にではあっても息子は父に近付こうとしていた。だが親の気持ちは息子には向かわなかった。そうした大拙の態度にアランは敏感だった。だから父のやっていることは、あるいは父そのものも「骨董的存在」だと、不満をぶつけたのかもしれない。

二筋の赤い糸

日米学生会議の歴史を調べたジャーナリストの関口和一（一九五九―　）は、当時の会議が持っていた別の意義として「特筆せねばならないのは、準備活動が当時には数少ない〝男女親善の場〟を提供した、ということであろう」（『開戦前夜のディスカッション』）と述べている。相手国を訪問しての会議ならば、旅行中の数週間にもわたる共同生活をはさんで前後一年以上にわたって、学生たちは綿密な準備と取りまとめ作業をしなくてはならない。当然、ロマンスだって芽生えよう。

宮澤喜一は、日米学生会議でともに渡米した伊地知庸子と結婚した。城山三郎が書いたところによれば、帰りの船のデッキで寄り添うように話し込んでいる宮澤と庸子のことを、仲間は「日米親善だけでなく、日日親善だ」（『友情　力あり』）とからかったという。

アランは生涯で三度結婚するのだが、ひとり目の運命の女性・久保ノブとはこのスタンフォード大学での会議で出逢った。ノブは東京女子大学の学生で、姉で津田塾大学に通っていたまち子とそろって渡米した。まち子のほうはアランとおなじく、前年から二年つづけての代表入りだった。姉妹の父は久保久治《ひさじ》で『金解禁亡国論』（一九二九）などの著書のある法経済学者だった。

会議でのノブの意見を伝える資料はほとんどない。唯一、「文化部教育問題」の報告文にノブの意見として、「今日の文化的な機関を支配している複雑な社会的な影響のせいで、学術的・文化的教育のために作られた大学は、多かれ少なかれ職業教育に重点を置くことが避けられなくなっている」（著者訳）という、英語の短文が載っている。記録によると、「日米に於ける結婚　家族生活に就て」「The Role of the Arts」のふたつの円卓会議で、アランとノブは席をおなじくしている。そ

図3　青年期のアラン。撮影者不明。

引用元：林田『大叔父』

れ以外に、ふたりの関係をうかがわせる資料はない。会議中、アランとノブが特別に親密だったという証拠はない。

この会議の報告書中に、「T・M生」（同書編者の宮村隆通か）なる者による、日本側の学生全員の人物評がある。アランのことはこう書かれてある。

鈴木君

代表中での一異才。カクテルのミスター・スズキから京都の情緒がにじみ出て、すっきりした身体一面に流れる。アメリカ文学論では第一人者。時には「日本的なるもの」の講師もやる。
「もしもあたしが女なら…」（『ルポルタージュ』）

秀才ぞろいの一団のなかで、アランはやはり異なる才能の持ち主だとみられていた。「カクテルのミスター・スズキ」とは日英のハーフの寓意だろうか、あるいはカクテル・グラスを持つ姿が絵になるという意だろうか。「もしもあたしが女なら…」その「すっきりした身体」に寄り添いたいと願うだろうと「T・M生」はいう。アランは同性も認める色気の持ち主だった。

カクテルといえば、アランがいつから酒を飲むようになったのかも、よくわからない。名うての不良少年だったので、一〇代から飲んでいたことは想像に難くない。飲酒が許される年齢になる頃には、相当な酒飲みになっていた可能性もある。アランは二度目の結婚をするまでには、大酒を飲んでは暴れ回るようになっていた。酒代のことでも、大拙に何度も迷惑をかける息子になっていった。

とはいえ、普段のアランは女性に優しく、抜群の色香を放ついい男だった。そのアランを最初に射止めた久保ノブ嬢のことを「T・M生」は、「まったくアメリカン・スピリットに燃えた。肉体的に器用です。二世の人が、「MISS・久保はアメリカ生れですか?」って云ってましたっけ」と評している。ノブの遺族によると、彼女ははっきりとものをいうタイプだった。そういうところが、「T・M生」にはアメリカ生まれのようにみえたのだろう。

ノブと出逢い、一途な愛を傾けてめでたくゴールインしたのかというと、アランの場合はまったくそうではなかった。ノブと付き合いながらも、アバンチュールは欠かさなかった。アランは大学に入った頃から、京都の東山の中腹にあった東山ダンスホールによく出入りしていた。ダンスホールは、ジャズやタンゴの生演奏に合わせて、客の男女がステップを踏む場所だった。お金を払えば、専属のダンサーと踊ることもできた。東山ダンスホールは東洋一ともいわれたダンス場で、外国人や花街の芸舞子、映画スター、文化人らの客が多かった。一九三〇年代には作家の谷崎潤一郎(一八八六—一九六五)や坂口安吾(一九〇六—一九五五)も足を運んでいた。

アランのふたり目の妻になる池真理子は、東山ダンスホールの雰囲気をこんな風に回想している。

真っ赤に敷きつめられた分厚い絨毯の上を案内されて入ると、天井まで吹き抜けに伸びた大理石の柱、美しい七彩の光を廻すシャンデリア・・

片側は天井からあるかと思われる大きなガラス窓で、外に広々としたベランダが続き、その先に、東山の山並を背景に巨大な噴水が下から何本も吹き上がり、ライトアップされて落ちる水滴がキラキラと音楽と戯れているかの様な光を撒き散らしていた。

ホールの中の磨かれた広いフロアに、男性のほとんどは黒い服で端正に胸を張り、外人の客も何人か見え、女の人は長いイヴニングドレスの色とりどり……大きな楕円形のホールの回りに、百人以上と思われるダンサーの席があり、背後にあかりの付いた番号がはめ込んであって、1番から5番まで灯がついているので、あれがナンバーワン、と判るようになっていた。（清水英雄編『池真理子抄』）

東山ダンスホールでの夏のある夜、まだデビューしてから年月の浅い、可憐な歌手にアランは目を留めた。池真理子だった。これが正確に何年のことだったのか確証がなく、当人らが書いた記録のあいだにも齟齬がある。種々の状況から推測するに、それはスタンフォード大学での日米学生会議のあった一九三七年か、その翌年の夏のことだったとみられる。

ここで、アランのふたり目の妻になる池真理子のことについて、関係者へのインタビューと自伝の『池真理子抄』をもとにまとめておきたい。真理子は、一九一七年に京都・東福寺の塔頭・万寿寺で生まれた。といっても、僧侶の娘ではない。かつては京都の名刹の塔頭に在家のひとが暮らしているのは、珍しいことではなかった。万寿寺は土佐の士族だった祖父の住み家だった。京都帝国大学の学生だった父がそこへ婿養子に入り、生まれた娘が真理子だった。父は真理子が物心付くまえに結核が原因で亡くなった。真理子には、父と呼べるひとがいなかった。

一家は、おなじ東福寺内の荘厳院に居を移したあと、真理子が小学校三年生のときに京都市上京区にある植物園（現・左京区の京都府立植物園）の近くに新しい家を建てて引っ越した。真理子は歌の好きな少女で、毎晩のように賀茂川の河原に腰掛けて、せせらぎの音をバックバンド代わりにして歌っていた。

小学校を卒業した真理子は、ミッション系の平安女学院に入った。厳かな雰囲気に満ちた礼拝堂に響く賛美歌に憧れて選んだ学校だった。映画好きになり、スターと会うために等持院の撮影所にも通った。ある日、友だちの家出に一晩付き合ったことが祖父の怒りに触れ、西本願寺系の京都女学校に転校させられた。平安女学院のハイカラさとは逆の校風のなかでも、真理子は先生に可愛がられ、得意な音楽と英語の成績を伸ばしていった。

とにかく歌が好きだったので、上野の東京音楽学校（現・東京藝術大学）を目指した。しかし、知人の勧めで宝塚音楽歌劇学校を受験し、競争率一三倍の難関を突破して合格する。真理子の祖父は、足を出して人前で踊るなどとんでもないと、宝塚に進むことに猛反対したが、母がとりなしてくれた。宝塚での厳しい訓練を経て、真理子は「三日月美夜子」の芸名でデビューをはたした。しかし、自分よりも才能のあるライバルたちに、しだいに劣等感を抱くようになっていった。

公演の合間に京都の家に戻った真理子は、ある夜、従姉から東山ダンスホールに誘われる。宝塚の舞台とはまた違った華やかな世界に、真理子はすっかり魅せられてしまった。当時は歌劇団と一体だった宝塚音楽歌劇学校を三年で辞め、ジャズ・ミュージシャンのジミー原田（一九一一―一九九五）の教えを受けるようになった。そして、タクトを振りながら歌うジャズ・シンガーとして、東山ダンスホールの人気者になっていた。

その真理子にアランは、英語の歌詞に少しおかしな発音があったと、ことば巧みに近付いた。真理子はダンスホールの客のなかにいたアランの姿を覚えていたが、外国人だと思っていた。父親が大学の先生だという信用と、ジミー原田の勧めもあり、真理子は友人の女優とともに定期的にアランから英語のレッスンを受けるようになる。

真理子の家は、大拙邸からもすぐの距離だった。レッスンは大拙宅か真理子の家で行われた。この頃、アランは数人の生徒を集めて英語教室をしていたようで、一九三八年四月二二日のビアトリス宛の手紙に大拙は、「今晩はアランのところに生徒が来ている」と書いている。真理子の家でレッスンが行われたときに、アランをみた真理子の祖父は、孫娘が外国人にたぶらかされるのではと警戒したという。また、その頃アランは、世の中で父が一番嫌いだと真理子にいい、真理子のほうは、偉い父親を嫌いだというなんて男らしいひとだと思っていた。

真理子へのレッスンがいつまでつづいたのかわからない。アランの学校の都合や友人の女優の撮影スケジュール、真理子自身が東山ダンスホールを辞めたことなどから、いつしかレッスンは途切れてしまった。このときは、ただの歳の似通ったハンサムな先生と、かわいらしい生徒という以上の関係にはならなかったようだ。しかし、それからおよそ八年後に、運命の女神はふたりを再会させる。

ビアトリスの変調

日記や手紙が公開されている大拙と違って、母親のビアトリスがアランにどう接していたのか、それがわかる記録はあまりない。いや、あるかもしれないのだが、まだ公開されていないといったほうがいいだろう。ビアトリスには詳細な日記を付ける習慣があった。その「ビアトリス日記」は、松ヶ岡文庫に厳重に保管されていて、実物をみることを許された研究者の数はわずかなようだ。それを読めば、奔放なアランのことをビアトリスがどれほど気に病んでいたか、あるいはわかるかもしれない。

この頃にビアトリスがアランのことを書いた手紙で、翻訳出版されたものをふたつ引用しよう。二度の日米学生会議にはさまれた、一九三七年二月に書かれたものである。

最愛なる貞様、あなたはほんの数時間前に出かけただけだというのに、もう寂しくてたまらなくなっています。特にアランの事が心配です。朝食の後「パパはいくらかお金を置いていったか?」と彼は聞いてきました。「いいえ」と私は言って、「最近パパからいくらかお金を貰った?」、と聞いたところ、彼は「五円」と言いました。次に、「パパのお金以外には何も持っていないの?」と聞いたら、彼は変な顔で私を見ました。私が何か知っていると見抜いたに違いありません。十円と同志社の小切手もあげると言ったのに、受け取りませんでした。「今学期の試験を受けない」と彼は言いました。「あんたとパパは、俺の事をこの家の恥だと思ってるんやろ、だからもう終わりや」と言い放って、家を出てしまいました。私にはどう考えたらいいか、もうわかりません。私はとても心配な上に、とても困惑しています。お小乃さんが数日間来られないでしょうか。では、さようなら。良い旅になる事を祈っております。

最愛なる貞様、今日は特にお知らせする事はありません。でもアランと話す事が出来て、家の雰囲気は少し良くなりました。「今回、パパは一生に一度の大間違いをしている。俺はパパの財布からお金を取っていない」とアランは訴えました。彼は私達の質問に対してあまりにも驚いていたせいか、答えることが出来ませんでした。アランは「パパは決め付けた考え方しかしないので、どんな事言っても無駄や」と思っているようでした。あまりにも傷つき、動揺したので、真剣に自殺しようと彼は考えたのです。私はというと、この件によって疲れ果てて、神経が参ってしまいました。（横山ウェイン茂人訳、『没後四〇年』）

この頃の大拙とアランの親子関係の雰囲気がわかる。同志社大学に入学し、日米学生会議に選ばれる栄誉を得ても、大拙はアランの才能を認めはしなかった。それればかりか、親の財布から小遣いをくすねたの、くすねないのといった、やや子ども染みたことでいさかいを起こし、親も子も傷付いていた。アランの性格を考えるならば、親の小銭を失敬するくらいのことは、たまにはあったかもしれない。たとえ盗んでいなくても、無実を親に訴えたところで、小さな頃から嘘つきだった子のいうことを、親といえども信用するはずもない。この親子は救いようのない相互不信に陥っていた。つぎつぎと問題を起こすアランのせいで、ビアトリスには心労が重なっていたことだろう。その疲れは、ビアトリスの心身を確実に蝕んでいた。

スタンフォード大学での日米学生会議から戻っても、アランはノブと交際をつづけていて、それは大拙も知っていた。交際を許す・許さないということではなく、大拙は息子の絶え間もない色恋にうんざりしていたのだろう。

一九三八年三月一〇日の「大拙日記」には、「アランのガールフレンドのひとりが家出した。早朝に女性の親類から連絡あり」（著者訳）と書かれている。「ガールフレンドのひとり」とあることから、アランが複数の女性と同時に付き合っていると、大拙はみていたのだろう。日記の文脈から、そのガールフレンドとは久保ノブだった可能性が高い。

その五日後に、ビアトリスは体の変調を訴えて東京の聖路加病院に入院する。大拙の臨終のときと同様、ビアトリスの主治医も日野原重明だった。それは死に至る病で、ビアトリスの一年半の闘病生活がはじまる。

アランは日米学生会議からの帰国後、どのような学生生活をしていたのかわからない。四月七日の「大拙日記」によると、アランは四日のあいだ行方不明になっている。その間、アランは聖路加病院にビアトリスを見舞っていた。大拙への手紙でビアトリスは、アランはミス・クボと会っているようだと報告した。その手紙が届いた翌日の日記には、アランのことを厳しく叱ったと、大拙は記している。

恋多き男

五月に入ると、アランの新たな女性問題が発覚する。アランがオオタニ・キヌコという女性を妊娠させてしまったのだ。それはビアトリスがアランに対して決定的な不信感を抱くことになる事件だった。事件にかかわる情報が「大拙日記」ですでに公表されているので、それにもとづいてあらましをまとめておく。

一九三八年五月九日にキヌコの代理人から、京都にいた大拙に連絡が入る。そのとき事件のことをはじめて耳にしたのだろう。大拙はすぐに法的な対応を考えなくてはならなくなった。神戸で法律関係の仕事をしている兄・亨太郎をその日のうちに訪ねる。翌日にはアランとおこのが東京と鎌倉から戻ってきた。そして丸一日を潰して、アランが起こした問題を話し合った。

その日の「大拙日記」には、「あと何年も生きられないのに、執筆に集中できたはずの時間を無駄にしたのが惜しい」（著者訳）とある。このとき大拙は六七歳。息子に対して冷たいようにも聞こえるが、大拙にとってこんな問題は学問の邪魔でしかなかった。大拙はおこのをキヌコの家に向かわせたり、知人に相談したりして、問題の処理にさらに数日を費やした。そして大拙は、キヌコの代理人に二〇〇円を支払って示談にしたようだ。五月一六日の大拙日記には、「これですべて済んだことを祈る。この一件でアランは変わってくれるだろうか？　いささか疑わしい」（著者訳）とある。

問題は、この二〇〇円という示談金が、どれほどの価値を持つのかである。それにはまず、この種の事案が起きたときの、当時の慰謝料の相場を知りたい。貞操蹂躙《じゅうりん》については、一九三〇年代にいくつか本が出版されている。そのひとつ、實田實男『貞操蹂躙とその裁判』（一九三〇）から引いておく。

まず女性にとって貞操ほど貴重なものはなく、ときには生命以上のものとしてこれを保護しなくてはならない。暴力によるものはもちろんのこと、婚姻してから時を経ず離婚することも貞操蹂躙になる。實田の本では、後者の場合の貞操蹂躙について、いくつかの実例があげられている。それによると、二九歳で初婚の女性は慰謝料四〇〇円、家政女学校教師・高等女学校卒業の女性・八百屋の女中・看護婦・地方名望家の娘には五〇〇円、一女をあげた女性は六〇〇円、フェリス卒の女性と海軍省の男性ならば七〇〇円である。

どうやら女性の年齢・学歴・職業・家柄と男性の経済力によって慰謝料が違うようだ。オオタニ・キヌコという女性の年齢も素性もわからないのだが、私通で妊娠させて二〇〇円が高いのか安いのか、判断に苦しむ。

一方、大拙にとっての二〇〇円はどれほどの負担だったのだろうか？　一九三五年当時の物価はコーヒーが五銭、ホテル代は二人室で一五円、東大の年間授業料は一二〇円、芥川賞・直木賞の賞金は五〇〇円だった（株式会社文藝春秋『文藝春秋七十年史』）。一九三八年一二月に大拙は同志社の学費として五五円をアランにわたしている。二〇〇円は大拙が一度にわたす大学授業料の、四回弱分くらいの負担ということになる。

ある。

隠されてきた事実

公表された「大拙日記」には、アランが女性を妊娠させたとはどこにも書かれていない。ではなぜそうだと断言できるのだろうか？　岩倉政治の本に収められた、岩倉宛の大拙の手紙にその鍵がある。

拝啓　『葉隠れ』受取りました、ありがとう。アランの一件、今回は又逢う機会なし。七月になって、何とかしよう。
あれは a-moral で、どうも此の点が変だ。自分の悪には誤り（過ち）を悔ゆると云う態度を示さず（中略）平気で居るなぞもおかしい。此点で亡妻は非常なわるい感じをもつようになったのは事実である。このつぎ君に会ったら尚精しく話すべし。何とかして救いたいと思って居る。あれも寂しく感じて居るに相違ない。（岩倉政治『真人・鈴木大拙』、以後『真人』）

手紙の日付は四月二三日とあり、何年のものかはわからない。大拙がアランのことを思う手紙――何となく読み過ごしてしまえば、ただそれだけの文章にしかみえない。だがよくみると、原文中に「（中略）」がある。岩倉の判断で何かが略されたのだ。この手紙の原物を保管している富山市立図書館に問い合わせたところ、そこにはプライバシーにかかわることが書かれてあるので、たとえ研究のためであっても開示できないという答えが返ってきた。戦後史に足跡を残した、しかも没後五〇年近くにもなる人間の資料を、公的な図書館がプライバシーを理由に秘匿するようでは、近現代の人物研究など成り立たない。図書館に抗議することも考えたが、その必要のないことにすぐに気が付いた。おなじ手紙が『大拙全集』に掲載されていたのだ。一九四一年四月二三日の岩倉宛の手紙である。

拝啓、はがくれ受取、ありがとう」／〇〇〇の一件、今回は又逢う機会なし、七月になって、何とかしよう、あれは a-moral で、どうも此点が変だ、自分は悪又は誤り（過ち）を悔ゆると云う態度を示さず、子が出来た女を捨て平気で居るなぞもおかしい、此点で〇〇は非常なわるい感じをもつようになったのは事実である、」此次君に会ったら尚精しく話すべし、何とかして救いたいと思って居る、あれも寂しく感じて居るに相違ない」（カッコは原文ママ）

事態はあきらかだろう。岩倉はアランが何をしたかという「行為」を隠した。それに対して、『大拙全集』の編者、おそらく古田紹欽は「行為」を消さず、「だれが」という「主体」を隠した。両方を重ね合わせると、手紙の全体が復元できてしまう。つまり、アランはどこかの女性をはらませたのにそれを悔いていない、そのことをきっかけに、ビアトリスのアランに対する感情が悪化したということだ。

手紙が発信された一九四一年には、アランはノブと結婚していたので、この女性はノブではない。ほかにアランが起こした女性問題で大拙をわずらわせたものといえば、オオタニ・キヌコの事件である。大拙が手紙に書いた「子が出来た女」とは、キヌコのことだと断定できる。

岩倉も古田も、大拙の「恥部」を隠すかのように、アランの行状を伏せた。しかし彼らの手をすり抜けて、事実は水のように流れ落ちる。公開資料だけからでも、これだけのことがわかってしまうのだ。だが、キヌコがその子を産んだのかどうかまでは、わからない。

母の死

キヌコの事件のあとも、大拙は折に触れてアランにお金をわたしていた。「大拙日記」によると、キヌコとの示談から一ヶ月後の一九三八年六月二〇日に二〇円、七月四日にいくらか（金額記載なし）、「夏のあいだの借金」として一〇月二一日に五〇円、授業料として一二月一五日に五五円、「アランの支払いと借金」として一九三九年一月三一日にいくらか（金額記載なし）、三月七日にも三〇円をわたしている。「大拙日記」を通覧すると、アランにかかったお金の具体的な記載がこの時期に多くなっている。それはキヌコ事件を機に、アランは金のかかる子という意識が、大拙のなかで大きくなっていたからではないだろうか。

アランは大拙からもらった金で遊びもしただろうが、それだけではなさそうだ。日米学生会議のOBとして、アランは会議運営の資金集めに協力をしていた。一九三八年七月五日のビアトリス宛の手紙には、後輩たちのためにアメリカから学生を呼ぶ資金集めでアランは忙しくしていると、大拙は書いている。

アランの女性問題などにわずらわされながらも、大拙は学究のかたわら月に何度も東京へ行き、聖路加病院のビアトリスを見舞った。一九三八年五月三日にビアトリスは一時退院し京都に戻っていたが、そこへキヌコ事件が持ち上がり、その一部始終を近くでみせられてしまった。重い病気の母に、アランは追い打ちをかけるようなまねをしたわけだ。六月一四にはビアトリスは聖路加病院に再入院するが、それがアランのせいだとは、もちろんいい切れない。ビアトリスは一〇月一七日にも一時退院し、一一月一九日に最後の再入院をしている。

一九三九年二月一一日にビアトリスが病床から大拙に書き送った手紙は、詳しくはわからないが何かの焦燥に駆られた文面になっている。

さて貞さん、私たちの家庭の問題は東洋の仏教よりはるかに重要な事柄です。もし貴方がこの時期に亡くなるような事があったら、私は自分が無一文で何の権限もない立場に置かれてしまうということに気が付きました。私をこんなに危険な状態にさらさないで下さい。有能な弁護士に相談するべきです。横浜によい弁護士がいます。

安宅さんには書籍以外のことについても相談したのですか？　又何故本や家具などに目録を付けなくてはならないのでしょうか？　全ての物を安宅さんに委託するのでしょうか。早く　早く！

最近の私は身体的な痛みばかりではなく、精神的にも大きな苦痛を感じています。

貴方はいつこちらに来て下さるのでしょうか？　いくつかの重要な事柄を発見しました。貴方とお話がしたいです。これ以上延期するのは危険です。私の将来（もしまだ生きていられるとして）そして、貴方の将来（貴方が私より長生きされるとしたら）に比べて、東洋の仏教思想が一体どれ位大切な事でしょうか？　後に延ばさないで下さい。貴方の御兄弟にお会いになったかどうかについても全く触れていらっしゃいませんね。この事態について、もっと詳しいことが分かった今、私は非常に切羽詰まった気持ちになっています。（中田なが子訳、『大叔父』）

この手紙は林田久美野が『大叔父』のなかで翻訳を公開したものだ。久美野はビアトリスの訴えの中身を憶測したりはしていない。この手紙の紹介をアランについての記述のなかにはさんでいることから、久美野はビアトリスの焦燥をアランの問題と関連付けていると読める。しかし、文面を素直に読めば、そう解釈するには少し無理がある。大拙は松ヶ岡文庫設立に向けた準備を安宅弥吉と進めていて、文庫に委ねる財産の目録を作っていた。家財を文庫の管理に移してしまって、もし大拙が先に他界してしまったら自分は無一文になってしまいかねないと、ビアトリスは手紙で訴えているのだと読む方が自然だろう。

久美野によると、病床のビアトリスは、アランと久美野の「婚約」をなかったことにするばかりでなく、アランを勘当しなければといっていた。しかし、久美野は「はたして実際に親子関係が解消されたのかどうか、難しい表現を使うなら廃嫡《はいちゃく》が行われたのかどうかは知りません」（『大叔父』）という。養子縁組を解消した事実は、戸籍の記載にはみられない。というよりも、アランは大拙とビアトリスの戸籍上の実子なのだから、解消する養子縁組がそもそも存在しない。

「大拙日記」の記録だけをみても、アランは入院中のビアトリスをたびたび見舞っている。横山ウェイン茂人は、この頃にアランが書いた日付のない手紙を翻訳し紹介している。

親愛なる母へ、私を許してください。私がどんな事をしても、ただ問題を起こすことになる。ただあなたを苦しめる。ただ駄目な子。私はあなたの人生をメチャクチャにしてしまった。私は、外に出て、自分の運命を見詰め直したい。そして、私がどこで人生の道を誤ったか考えたい。お母様、すべてのことを後悔しています。私を許してください。（横山ウェイン茂人訳、『没後四〇年』）

アランは母親の死が近いことを悟り、自分の行いを詫びている。少なくとも文面のうえではそうだ。アランのその後の人生をみれば、このとき彼が心から後悔したとはいえない。しかし、母親に対してすまないという気持ちが、いくばくかはあったと思いたい。

アランが同志社大学を卒業したのは、一九三九年三月のことだった。文学青年らしく、卒業論文はアメリカの劇作家ユージン・オニール（一八八八―一九五三）に関するものだった。「外に出て、自分の運命を見詰め直したい」とは、卒業後に外地か外国へ行きたい、それもノブを伴ってということか。それが実現するのは三年ほどあとのことになる。

ビアトリスの病状はどんどん重くなっていた。一九三九年になると大拙は月の半分近くも聖路加病院に通うようになる。そんななか、アランはノブとの結婚を両親に認めてもらおうとしていた。相手は立派な学者の令嬢、それも大学卒で、英語で知的な議論もできる才媛となれば、普通なら学者の「家に入る嫁」として不足はないところだ。しかし、大拙もビアトリスも、その縁談をかたくなに拒否する。キヌコの事件があったばかりで、女性については二股も三股も平気でかけるアランに、両親の不信が募っていたのだろう。それはだれよりも、アランと結婚しても幸せになれそうにないノブを思ってのことだったろう。

ノブとの結婚話の文脈で、五月二八日に大拙はついにアランに出生の秘密を打ちあける。しかし、アランはそれに衝撃を受けた様子もなかった。そんなことは、とうの昔から知っていたよと、アランは内心では思ったのだろう。六月四日の「大拙日記」には、「久保の娘」との関係について、アランがビアトリスと一時間話したとある。そして「彼［アラン］が実の両親の事や、わしらの所へ来た状況を知りたがらないのはおかしなことだ」（著者訳）と書いている。

六月二七日からは、大拙は病院に泊まり込んでビアトリスの看病をつづけた。だがその甲斐もなく、七月一六日にビアトリスはこの世を去った。享年六一歳だった。このとき大拙は六九歳、アランは二三歳だった。

大拙の追慕

翌日、ビアトリスの葬儀が行われた。近親者だけの、ひっそりとしたものだった。遺骨は東慶寺、金沢市野田山の鈴木家墓所、そして生前によく訪れていた高野山・親王院に葬られた。一〇月二二日には、やや規模の大きい百ヶ日法要が、ビアトリスと縁の深かった真言宗の東寺で営まれた。翌日に大拙は、喪失感あふれる手紙を旧友の山本良吉に書いている。

昨日葬式《亡妻》ともつかぬものを、世間に習いて、相すませました、妻を思うと云うより

も、自分の半分がなくなったと云う方がよかるべし

五ヶ月目の命日にあたる一二月一六日に書いた大拙の追慕文が、死後出版されたビアトリスの著書『青蓮仏教小観』の序文に収められている。そこには大拙・ビアトリス夫妻の心の交わりが、切々と書かれてある。

それによると、ふたりの結婚当初からの生活の目標は、「東洋思想又は東洋感情とでも云うべきものを、欧米各国民の間に宣布する」ことにあった。東西のひとびとが自分たちによって、よりわかり合えるようになれば、それ以上幸せなことはないと思っていた。だがそんな外面的なことよりもむしろ、「二人で各自の所感・所思・所見を語り合って、而して又それを文章にすれば、それでよかった」のだという。この、仏教で結ばれた一組の国際結婚のカップルにはふたりだけの世界があった。ふたりで語り合ったことが東西文化の交流につながることが、彼らの幸せだった。

しかし、結婚当初の一五年間は、「主として物質的方面の障碍によりて……余所事《よそごと》に費やさざるを得なかった」と大拙はいう。ビアトリスはそのことを口癖のように悲しんでいたという。「余所事」とは、学習院や大谷大学で英語の授業をしていたことを指しているのだろう。

ビアトリスは一〇年にわたる真言密教の研究をまとめようとしていて、そのさなかに病に倒れた。大拙はビアトリスの余命が長くないことを知らされていたが、それを妻にはっきり告げることができなかった。それは「自分の心弱さからでもあるが、亡妻の心の底を余りによく知りぬいて居たから」だと、大拙はいう。

大乗仏教の教えのなかで、ビアトリスの心をもっとも深く動かしたのは、菩薩思想だった。人間はもとより動物や草木・山河までも救う大慈悲に、ビアトリスは心惹かれていた。だから動物愛護はもとより、大拙が庭木を剪定することも好まなかった。関東から京都に引っ越したときも、ビアトリスは自分で植えた庭木のすべてを京都に運んだ。晩年はとくに月見草を愛したという。

亡妻の性格は内外玲瓏《れいろう》で矯飾がなかった。内に感ずるだけを外に現した。殊に家庭に在りては本来の性格の動くままに行動したので誠に工合がよかった。一たび人を信じたら、どこどこまでも信じきるので、好加減なうそをつけなかった。一寸逢った人には多少控目なところもあったが、家に在っては少しの腹蔵もなかったので、朝から晩まで話はつきなかった。政事に関しては殆《ほとん》ど何等の興味をもたなかったが、社会の事象については、東西といわず、内外の新聞や雑誌を読むごとに自分の意見を吐くことを忘れなかった。彼女亡きあとは此点でも何となく物足らぬ気持がするのは人情の自然である。(『青蓮仏教小観』)

夫婦は一体だといっていたが、いまやその「半体だけを残された」のだから、「わが生活の全面に渉りて十成ならざるは、已むを得ぬ。」そして「また「一体」になる時節もあろう」と大拙は追慕を結んでいる。

最初の結婚

ビアトリスが日々弱っていくなか、アランはノブとの結婚を急ぎはしなかった。そしてアランの結婚を許すことなく、ビアトリスはこの世を去った。しかしアランとノブは、ビアトリスの百ヶ日法要が済んだ一一月三日に結婚式を行った。久保家の遺族によると、大拙を含む鈴木家の人間はただのひとりも式に来ず、新婦側を憤慨させた。

「大拙日記」によると一九三九年一一月三日は、「一日家に居て雑用をする」（著者訳）とある。公表された手紙や書き物では、アランとノブの結婚について、大拙は何もいっていないに等しい。大拙はアランの結婚を、外面的には無視したのだ。

理由はいくつか考えられる。ビアトリスの法要を済ませたばかりだったこと、その亡妻が結婚を認めていなかったこと、そして何よりも大拙自身がこの結婚に賛成ではなかったのだろう。あるいはノブに対して、大拙はほかに何か気に入らないことがあったのかもしれない。

こういう事実を目にすると、大拙は息子の幸せには関心のないひどい父親にみえる。大拙を擁護する者は、全人類のために思索をしていた大拙が、くだらない養子のために時間を裂けないのは当然だというだろう。しかし、大拙にとっての当然のことが、そして日本の禅を世界に広めるために必要だったかもしれないことが、この親子関係をこじらせた大きな原因だったことも事実だ。

息子の結婚を、大拙は気に留めてはいた。ビアトリスの百ヶ日法要のあった一〇月二二日の岩倉政治宛の手紙に、「勝の結婚につき仲介人が必要との事、君よろしくその任をつとめてくれ玉わんか」（『真人』）と、大拙は書いている。自分は式には出ないが、大拙は仲介人の役目を岩倉に託した。息子や久保家への義理立てを、少しはしようとしていた。岩倉が実際に仲介人になったかどうかはわからない。

アランは親に背いてノブと結婚したが、それで大拙との関係が切れたりはしなかった。一九四〇年の「大拙日記」からは、アランが大拙のためにビアトリスの遺稿をタイプしたり、校正原稿を出版社に運んだりしていた様子が読み取れる。また用件こそわからないが、アランはたびたび大拙のところを訪れている。

そんななかの一九四〇年七月四日に、大拙は甥の鈴木良吉・初子夫妻の四男で林田久美野の弟にあたる鈴木伊智男を、かつてのことば通り養子に迎える。この養子縁組の意図は記録がないので、推測に頼らざるを得ない。おそらく自分の命がいつ尽きるかわからないなかで、膨大で貴重な資料を含む財産を、アランのような人間にはとても託せないと思ったのだろう。そこで、かねてから養子にしてもいいと思っていた伊智男との縁組に踏み切ったとみられる。このとき、伊智男は横浜高等工業学校に通う一九歳の学生だった。

大拙の目に留まった鈴木伊智男とは、どのような人物だったのだろうか。作家の吉村昭（一九二七―二〇〇六）が書いたノンフィクション小説『陸奥爆沈』（一九七〇）に、鈴木伊智男が実名で登場している。戦艦「陸奥」は「長門」と並んで日本海軍の象徴的な船だった。その「陸奥」が一九四三年六月八日に、待機していた広島湾内で謎の爆発を起こして沈没する。軍部は戦局への影響を恐れて、爆沈の事実を隠した。このとき、極秘の救難作業で司令官を補佐し、沈着な判断で二次遭難を防いだ男として、伊智男は小説中に描かれている。もちろん、ノンフィクションとはいえ小説のことなので、それがどこまで真実かはわからない。

伊智男は造船畑を歩いたひとで、戦時中は呉海軍工廠で技術士官を、終戦後は石川島播磨重工業株式会社に勤務していた。実在の鈴木伊智男の印象を吉村昭は、「都会的な感じのするおだやかな眼をした方」（『陸奥爆沈』）と評している。

大拙の養子になった当時のことを、伊智男は三〇年後につぎのように回想している。


正伝庵という言葉は吾々鈴木一家にとって特別な感覚を伝えるものであった。稼ぎ手を失った甥一家に、十数年来、毎月七十円を一度も滞ることなく援助してきた鈴木一族の最有力者からの威圧とも言えるし、畏敬とも憧憬とも言えよう。また奇妙きてれつな、即ち猫の臭いと、仏間の臭いと、清々しい草花の香り、おこのという奉仕一途に凝縮した人格と、大拙の明治の東洋的考え方と近代西洋の合理性を完全に混合した処世法のかもし出す雰囲気は、吾々平凡極りない人間にとって異様なものであった。（『人と思想』）

伊智男もまた、大拙の家庭は普通ではないと思った。だが、大恩ある大叔父から養子になれといわれたら、それを断ることなどという選択肢はあり得なかっただろう。とはいえ、養子縁組を機に伊智男が大拙と同居する、仏教を教わるなどといったことはなかった。大拙の学問を受け継ごうなどという考えも、技術者を目指していた伊智男にはなかっただろう。

上海へ

結婚後のアランはノブの実家に至近の、芝区白金三光町（現・港区白金）に新居を定めた。同志社大学を卒業後のアランは、ジャパン・タイムズ社勤務を経て一九四二年に同盟通信社に就職した。その翌年の三月にはアランとノブのあいだに女の子が生まれた。大拙のほうは四月に待望の松ヶ岡文庫の建設が鎌倉・東慶寺の裏山ではじまった。また六月には鈴木初子と久美野が京都の邸宅に入り、大拙の身の回りの世話をするようになった。親子とも新しい環境での人生を踏み出していた。しかしアランが大拙を訪れることは、その年の秋からしばらく途絶えてしまったようだ。

アランが親の意に添わない結婚をしたので、一時は嫁にと考えていた久美野のことを、大拙は心配したのだろう。大拙は久美野に、弟子のひとりと結婚して跡継ぎになってはくれぬかと持ちかける。鈴木家の絶対権力者からの願いである。久美野は兄の玲からも、大拙のいう通りにするようプレッシャーをかけられた。ところが久美野にはかえって反発心が起こり、大拙に丁重な断りを入れる。そして久美野は、母の友人の紹介で見合いをして林田末雄と結婚する（『大叔父』）。

日本をめぐる国際情勢は、日増しに悪くなっていた。そして一九四一年一二月八日にはついに日本は米英との戦争状態に突入した。英語を話し、見た目は西洋人のアランにとってはもちろん、かつてアメリカ人と結婚し、英語での発信力が強みだった大拙にとっても、日本は生きづらい場所になっていた。そんななか、アランは同盟通信社から上海に派遣されることになる。一九四二年一〇月一七日の「大拙日記」には、その突然の知らせが記されてある。

今朝の執筆はアランの訪問で中断した。全く不意な事で、彼は一年以上来なかったと思う。今年の一月から働いて居る同盟通信社の特派員として、来週、彼は上海に旅立つことになって居る。昼食まで居て、それから東慶寺の土地を見に行った。お茶をして別れた。（著者訳）

生まれた娘のこと、同盟通信社での仕事のことなどを、この親子は語り合ったのだろうか。だが初孫のことを大拙は、このときも、この先も、公表された限りでの日記にも手紙にも、何にも書き残しはしなかった。

第4章　東京ブギウギ

上海

そこはさまざまな国のひとびとが暮らす、クレオールな都市だった。アヘン戦争（一八四〇—一八四二）の末に長江河口に開かれた港町に、最初に租界を作ったのはイギリス人だった。そのつぎにアメリカ人、フランス人、そしてヨーロッパ各国のひとびとがやってきて暮らしていた。繁華街には映画館やダンスホール、ナイトクラブが建ち並び、夜の街にはジャズが響いた。

日本人は遅れて上海にやって来た。そして、二〇世紀はじめには共同租界の北部の虹口《ホンキュウ》地区に集まって暮らしていた。内地では味わえない自由があふれる国際都市という表の顔と、阿片窟や妓館という裏の顔——日本人はそこを「魔都」と呼んだ。

上海はそんな魅力のある都市だった。しかし、一九三〇年代頃から日本の軍部の影響が大きくなっていき、一九四一年一二月八日の真珠湾攻撃と同時に、日本軍は上海の共同租界を支配下に置いた。

アランとノブ、そして生後六ヶ月の娘が上海へやって来たのは、それから一年近く経った一九四二年一〇月のことだった。上海に住む英米人への、軍部の締め付けが強くなっていた頃だった。同盟通信社の社員名簿によると、アラン一家は老靶子路（現在の武進路）五八〇号にあった同社の社宅に住んでいた（有山輝雄、西山武典編『同盟通信社関係資料』）。一ブロック南には目抜き通りの海寧路があり、そこには大きな映画館がたくさんあった。映画好きのアランには、たまらない住環境だったろう。日本では一九四〇年一〇月三一日をもって全国一斉に閉鎖されたダンスホールも、虹口を除く租界では命脈を保っていた。敵性音楽のジャズも、その街では楽しむことができた（上田賢一『上海ブギウギ一九四五』）。

アランは、同盟通信社中支総局（一九四三年からは華中総局）の英文部に勤めていた。同盟通信社とは一九三六年一月から四五年一〇月まで存在した通信社だった。日本電報通信社（電通）の通信部と新聞聯合社が国策によって合併して作られた会社で、海外からの通信の入手と国内からのニュースの発信を独占していた。世界各地に支局を置き、現地情報の収集と日本からの情報の伝達の任にあたった。そのため、軍事国家・日本の宣伝機関だったとの評価を免れない、そういう会社だった。

敵情報の傍受も同盟通信社の重要な使命だった。一九四二年当時、ロンドンからのロイター電を東京では傍受できなかったが、上海ではできた。ロイター電で伝えられた重要な情報は、上海で傍受して東京に打電していた（通信社史刊行会編『通信社史』）。上海で英文部に属していたアランの仕事は、そういった種類のものだったろうが、詳細は知れない。

上海時代に、アランはその後の人生を変える大きな出会いをする。作曲家の服部良一（一九〇七―一九九三）と知り合ったのだ。服部はコロムビアの専属作曲家として、戦前から戦後にかけて数々のヒット曲を生み出していた。代表作には「蘇州夜曲」（一九四〇）、「東京ブギウギ」（一九四七）、「青い山脈」（一九四九）などがある。歌謡界の一時代を代表する作曲家として、服部には没後に国民栄誉賞が与えられた。息子の服部克久（一九三六―二〇二〇）、孫の服部隆之（一九六五―　）と、三代つづく作曲家一族の元祖でもある。

服部良一は、一九四四年六月に上海陸軍報道部に配属され、音楽による文化工作の任に着いた。そして、翌年の五月には歌手の李香蘭（山口淑子《よしこ》、一九二〇―二〇一四）と上海交響楽団のために「夜来香幻想曲《イエライシャンラプソディー》」というシンフォニック・ジャズを作曲・指揮して、大喝采を浴びた。それは服部があこがれていたジョージ・ガーシュウイン（一八九八―一九三七）の「ラプソディー・イン・ブルー」（一九二四）を目指した曲だった。その服部が属する上海陸軍報道部にアランは出入りし、服部と友人になった（服部良一『ぼくの音楽人生』）。芸能界には目のないアランのことだから、服部のコンサートには足繁く通っていたことだろう。

しかし、上海のそんな華やかさの残る時代はすぐに終わった。「夜来香幻想曲」から三ヶ月後の八月一五日に終戦を迎え、上海の租界は中国国民党政府に返された。外国人の資産は接収され、日本に協力していた中国人は「漢奸《かんかん》」と呼ばれ、捕らえられて処刑されていった。租界の日本人は、中国人の復讐を恐れた。

比較音楽学者の榎本泰子（一九六八―　）によると、終戦後には七万人あまりの日本人居留民が虹口に隔離され、南京や漢口などからさらに二万人が集められた。虹口では地区内の自治が許され、行動が拘束されることもなく、闇市が繁盛した。日本への引き揚げは一九四五年一二月にはじまり、翌年五月までにほとんどの日本人が帰った（榎本泰子『上海』）。服部良一は一九四五年一二月に復員し、中国人・李香蘭を名乗っていた山口淑子は、漢奸として危うく死刑になるところを逃れて、四六年四月に日本に帰国した。

同盟通信の華中総局は終戦後もしばらくは活動していた。社員の引き揚げは一九四五年一二月にはじまり、翌年七月に完了した（『通信社史』）。アラン一家も引き揚げがはじまると同時に帰国した。帰国後は白金三光町の旧住所に戻っていることから、自宅は戦災をまぬがれたのだろう。

池真理子との再会

上海から引き揚げてまもなく、アランは一九四六年六月に創刊された「スポットライト」という英文雑誌の編集にかかわるようになる。「スポットライト」は、「日本をリードする書き手の視点を紹介するための、新しい公明正大な月刊誌」（著者訳、同誌創刊号）を目指したものだった。政治経済論文や戦犯裁判の記事から、銀幕やステージを彩る美女の紹介まで、硬軟取り混ぜた雑誌だった。英文雑誌であることから、日本の現在を進駐軍に対して発信することが目的だったとみられる。創刊者の鈴木健之（一九一〇頃―　）は、「スポットライト」創刊後の一九四六年一〇月に女優の高峰三枝子（一九一八―一九九〇）と結婚している。

アランは一九四六年一〇・一一月合併号のゲスト・エディターとして、この雑誌に登場する。その号の「エディトリアル・ページ」でアランは、ノブの父・久保久治の経済理論を紹介している。日本を復興させるために、製造分野への公共投資の必要性を説く論旨である。

ほぼおなじ頃、アランはコロムビア・レコード社にも出入りするようになった。スポットライト社とコロムビアは、おなじ内幸町の旧東洋拓殖株式会社の本社ビルに入っていた。上海時代に培った服部良一とのコネクションを使って、何か仕事はないかとアランは探し回っていたのだろう。あるいは、レコード会社を訪ねてくる美女たちも目当てだったのかもしれない。

池真理子の関係者によると、アランが真理子と再会したのは一九四五年一二月頃だった。コロムビア社内の廊下でアランは見覚えのある美女をみかける。それが池真理子だった。聞き覚えのある呼び声に真理子が振り返ると、そこにはかつて英語の家庭教師だったアランがいた。それぞれ別の人生を歩んでいた八年間に何をしていたのか、関西弁での話がはずんだ。真理子は一九四〇年に東山ダンスホールが閉鎖されてからは、戦時中は日本軍の、戦後は進駐軍の慰問のために各地を巡っていた。コロムビアでの偶然の再会をきっかけに、アランと真理子はときどき顔を合わせるようになった。そして一九四六年三月に発売された「愛のスゥイング」が大ヒットし、真理子は「スゥイングの女王」への足場固めをしていた。

「スポットライト」一九四六年一二月号の「スポットライト美女アルバム」のコーナーで、アランは真理子を紹介した。東山ダンスホールではじめて真理子の「セントルイス・ブルース」を聞いたときのこと、生い立ち、家族とのエピソード、宝塚時代、戦時中に好きな洋楽が歌えなくなったことなど、署名記事で彼女の半生を熱っぽく語っている。真理子が英語を読むことができたならば、アランの好意をじゅうぶんに感じただろう。

　終戦直後の雑誌ということもあり、「スポットライト」がいつまでつづいたのかわからない。残存している八号分をみた限りでは、アランの名前がみられるのはゲスト・エディターを努めた号と、池真理子の紹介記事だけだ。アランと「スポットライト」のかかわりは、深くはなかった。真理子に近付くためにアランは雑誌の取材を利用した、そう思えてならない。おそらく、この頃にはもう妻や娘のことは、アランのなかから消えていたのだろう。

「東京ブギウギ」誕生

終戦後、日本の歌謡界は再スタートを切っていた。戦時中は禁止されていたジャズやダンスホールが復活し、焼け野原に残された日本人と進駐軍のために、歌謡界は娯楽を取り戻そうとしていた。

　おりしも、戦前からコロムビアの看板歌手だった笠置シヅ子（一九一四―一九八五）は、愛人の吉本穎右《えいすけ》（一九二三頃―一九四七）に先立たれ、その直後に生まれた遺児を抱えて沈み込んでいた。服部良一は笠置の再起の場を作ろうとした。「敗戦の悲嘆に沈むわれわれ日本人の明日への力強い活力につながるかも知れない」（『ぼくの音楽人生』）と思い、心がうきうきする楽しい歌を、服部は作りたかった。

　ぐっとあかるいリズムは何か、そう考えていたときに服部の頭をよぎったのが、戦前から何度かテスト的に取り入れていたブギのリズムだった。夜の中央線の電車のなかで揺れるつり革をみていて、服部はそのメロディーをとつぜん思い付く。電車が西荻窪に着くとすぐに駅前の喫茶店に飛び込み、浮かんだメロディーを忘れないうちに、店のナプキンに書き留めた。そうして「東京ブギウギ」の曲は出来上がった。

服部は「新しいリズムには既成観念のない新しい作詞家のほうがいいと考え」（『ぼくの音楽人生』）、上海時代からの友人のアランを作詞者に抜てきした。服部はアランに「文学青年」という印象を持っていた。曲をピアノで何度も聞かせ、「こういう躍動するようなリズムものだから、意味をもつ詩というよりは、調子のよい韻語がほしいんだ。言葉に困れば、東京ブギウギ、リズムうきうき、といった文句をくりかえせばよい」（『ぼくの音楽人生』）とアドバイスした。

アランは服部から与えられたチャンスを喜んで引き受けた。しかし困ったことに、彼は楽譜が読めなかった。このときとばかりに、アランは真理子に助けを求めに行く。真理子がピアノを弾き、そこにさまざまなことばをはめ込んでいった。

数日後、アランが作ってきた詞をみて、服部は首をひねった。「池のまわりを／ぐるっとまわって／君と踊ろよ／東京ブギウギ／甘い恋の歌……。」このとき、アランが池真理子にぞっこんなのだと服部は知る。服部はアランの詞が気に入らなかった。しかしレコーディングが迫っていたので、「池のまわりを／ぐるっとまわって」は削り、あとはアランと服部の共同作業で詞を完成させた（『ぼくの音楽人生』）。

こうして「東京ブギウギ」は、作曲・服部良一、作詞・鈴木勝の名で発表された。しかし、以上のような服部の回想があるので、アランだけの作詞だとはいえない。服部との相談によってアランの最初の案がどれだけ書き換えられたのかは、完全にはわからない。しかし、作詞者として鈴木勝の名を残すことに、両者が合意したものだとはいえる。
「東京ブギウギ」のレコーディングは、一九四七年九月一〇日にあった。レコーディングがはじまる頃になると、コロムビアが入っていた東洋拓殖ビルの隣にあった進駐軍下士官クラブなどから、兵士たちがぞろぞろとスタジオにやって来た。アランが宣伝したせいだったのだが、思いのほか兵士が集まりすぎて、アランも恐縮していた。進駐軍を追い返すわけにもいかず、ほろ酔い気分の下士官らのまえで服部と笠置らはレコーディングを決行する。騒がしくしていた兵士たちは、演奏がはじまるとぴたりと静かになり、曲に合わせて体を揺らし、ＯＫが出ると大歓声があがったという。進駐軍からビールやチョコレートが持ち込まれ、皆で「東京ブギウギ」を歌いながらの大祝賀会がはじまった。「東京ブギウギ」がアメリカ人に通じた喜びを、服部もアランもかみしめた（『ぼくの音楽人生』）。

「東京ブギウギ」（作曲・服部良一、作詞・鈴木勝、歌・笠置シヅ子）
東京ブギウギ　リズムウキウキ
心ズキズキ　ワクワク
海をわたり響くは　東京ブギウギ
ブギの踊りは　世界の踊り
二人の夢の　あの歌

口笛吹こう　恋とブギのメロディー
燃ゆる心の歌　甘い恋の歌声に
君と踊ろよ　今宵も月の下で
東京ブギウギ　リズムウキウキ
心ズキズキ　ワクワク
世紀の歌　心の歌　東京ブギウギ　ヘイー

さあさブギウギ　太鼓たたいて
派手に踊ろよ　歌およ
君も僕も　愉快な東京ブギウギ
ブギを踊れば　世界はひとつ
おなじリズムと　メロディーよ
手拍子取って　歌おうブギのメロディー
燃ゆる心の歌　甘い恋の歌声に
君と踊ろよ　今宵も星を浴びて
東京ブギウギ　リズムウキウキ
心ズキズキ　ワクワク
世界の歌　楽しい歌　東京ブギウギ

ブギウギ　陽気な歌　東京ブギウギ
ブギウギ　世紀の歌　歌え踊れよ　ブギウギ

この歌詞のなかで注目するべきは、二番の「ブギを踊れば／世界はひとつ／おなじリズムと／メロディーよ」の部分だ。ここにこの曲のメッセージの核心があると思う。このことばは、服部の注文にあった「調子のよい韻語」とは違うので、アランの独創が残っている可能性が高い。

大拙は東西文化が相互にわかり合うことを願っていた。そのために大拙がしたことは、論理を突き崩す論理を重ね、東西文化を徹底的に二項対立で語ることだった。アランのこの詞も、東西文化の融合をうたっている。しかし、幾万のことばを並べた大拙とは対照的に、アランはあっさりと「世界はひとつ」といい、ただ「君と踊ろよ」という。スタイルはまったく違うが、親子のメッセージは響き合っている。

笠置シヅ子が歌う「東京ブギウギ」は、一九四八年一月に発売された。笠置はステージをいっぱいに使って激しく踊り、歌い終わりと同時に腹の底から「ヤーッ」という低音の叫び声をあげながら舞台袖に走り込んだ。笠置のパフォーマンスも手伝って、この「東京ブギウギ」は超の付く大ヒットになる。いまでも、終戦直後の日本歌謡の代表的なナンバーとして、揺るぎない評価を得ている。

さて、大拙の禅とアランの「東京ブギウギ」の、どちらのメッセージが日本のひとびとの心に届き、記憶されただろうか？　この点では大拙はアランの足下にも及ばない。高尚な宗教家や学者たちが、流行歌などくだらないと一笑に付しても、その事実は絶対に揺るがない。
ところで、息子の大成功を大拙はどう思っていたのだろうか？ その答えは、「ほとんど無視した」である。大拙が書いた文章にも日記にも手紙にも、「東京ブギウギ」に触れたものは、本書の執筆時点までに公開されたものをみた限りではひとつもない。禅研究に没頭する大拙にとっては、歌舞音曲など眼中になかった。ただひとつ、一九五一年の「浅間嶺」という雑誌に、大拙は「歌を作って救われるか」という短文を寄せている。

科学や芸術で、例えば一つの歌を作っても救われるか、という問に対してだが、宗教的に、科学でも救われる。芸術でもなんでも救われる。ただそれには一隻眼《いっせきがん》ということがあるが、それなくては駄目だ。一隻眼があれば雨の音を聞いても救われる。つまり芸術なら芸術だけの生活をやっていても仏智（神の意志ともいえよう）の動きに対する一つの意識、自覚があれば何をやっていてもよい、その自覚によって見る、それが一隻眼だ。

何だかまた難しいことばが並べられている。『広辞苑』を引くと、「一隻眼」とは「物を見抜く力のある独特の眼識。ひとかどの見識」とある。大拙のいうことを簡潔に表現するならば、「歌を作ることだろうと何だろうと、ひとかどの見識がなければならない」ということだろうか。
アランが何やら歌を作って世に出たことを、大拙は知ってはいただろう。これはアランに向けたことばなのだ。ただ歌え、踊れなどという歌をおまえは作ったらしいが、いったいそこに何の見識があるというのか――大拙は息子に向かって、暗にこういっている。

二度目の結婚

実は「東京ブギウギ」よりもまえに、アランと服部良一は曲を作っている。ユナイテッド・プレスの東京特派員のアーネスト・ホーブライト（一九一八―一九九九）が書いた人気小説『東京ロマンス』（一九四六）から着想を得てアランが同タイトルの詞を書き、それに服部良一が曲を付け、池真理子が歌い、一九四七年にレコード化された。小説『東京ロマンス』は、外国人の新聞特派員と日本人娘の恋を描いたもので、戦後の日本を舞台に外国人が書いた小説としては最初のものだった。ただし、作詞者にはアランではなく知名度の高かったホーブライトの名前が出ている。

ホーブライトとアランは、このときはじめて知り合ったのか、以前から親交があったのか、それとも一度も会う機会がなかったのかはわからない。ホーブライトは映画の撮影現場で人気女優の三村秀子にキスの指南をし、彼女を失神させた逸話のある色男だ。そういう男とならアランは気が合っただろう。

一九四八年七月には、ホーブライトが日本人に向けてエチケットを説いた『淑女と紳士　デモクラチック・エチケット』をアランが翻訳しラジオ新聞社から出版した。このときアランは、「ヴィクタ―・ベルウッド」のペンネームを使っている。ヴィクター＝勝、ベルウッド＝鈴木というわけだ。一九四七年から翌年にかけてのアランは、これらの仕事のほかにも、雑誌の英文記事の翻訳や英会話講座の執筆もしている。

一九四七年一一月一日に発売された雑誌「蛍光」にヴィクター・ベルウッド名で書いた「英語会話講座」でアランは、「英語と云えば諸君がリーダーや文学書を通じて学んだ英語丈でないと云う事は最早多少なりとも進駐軍に接した事のある者は云う迄もなく、或は通りで擦違った時耳にするあの訳の判らぬ言葉によって充分解ると思う」と書いている。アランのこの意見にだけは、強く賛同できる。

「東京ロマンス」と「東京ブギウギ」の仕事を通して、アランは真理子にさらに接近し求婚をする。池真理子の関係者によると、このときアランは前の妻とは離婚したと嘘をついた。ノブとはすっかり疎遠にはなっていたが、まだ彼女の籍は残っていた。協議離婚が成立したのは、真理子との結婚式を挙げたあとだった。

真理子はその頃、コロムビアの社員と付き合っていた。その社員は真理子には独身だといっていたが、本当は妻子があった。男は離婚するといったが、真理子の祖母は妻子ある男性を奪うのなら琵琶湖疎水に身を投げる、と真理子を諭した。真理子はその社員をあきらめ、歌手をつづけることを条件にアランのプロポーズを受け入れた（池真理子関係者談）。もちろん、真理子の祖母は、アランもまた妻子ある男だったとは知らなかったろう。真理子もまた、ノブの籍がまだ残っていることは、結婚式の前後までは知らされていなかった可能性が高い。アランが大拙の実子ではなく養子だと知らされたのは、結婚してからだった。しかし、そんなことは真理子にはどうでもよいことだった。

結婚を決心した真理子は、アランとともに北鎌倉の大拙を訪ねる。ところが、正伝庵の入口で女中のおこのと出くわし、今度の相手は歌唄いか、子どもができたらおぶって歌うのかと冷たいことばを投げかけられる。真理子には人気歌手だという自負があった。真理子は腹を立て、大拙にも会わずに東京へ帰ってしまう（池真理子関係者談）。

しかし、やがてアランも真理子も気を取り直し、大拙へのあいさつを済ませる。「大拙日記」によると、それは一九四八年五月二六日のことである。このときはじめて、大拙が僧侶ではなく学者なのだと真理子は知る。

大拙と真理子には、同時期に東福寺の塔頭に暮らしていたことなど、思いがけない共通点もあった。なまじのインテリだったノブとは違って、真理子が大拙とはまったく違う畑で生きていたことが、かえってよかったのかもしれない。ノブとの結婚のときとはうって変わって、大拙は真理子を喜んで迎えた。アランがノブを連れて来たときは、他の女性を妊娠させる事件を起こしたばかりだったので、大拙には反対する理由があった。ノブとの離婚が成立していないことを、もし大拙が知っていたら、真理子との結婚にも反対したに違いない。アランは大拙に対しても、ノブとはきれいに別れたと嘘をついていたのだろう。

おこのは初対面のときこそ冷たかったが、その後は将来の新居となる家を円覚寺近くに探すなど、真理子の世話を焼くようになった。そのおこのも、六月になると体が弱りはじめ、七月二日に急性肺炎で他界する。永年仕えてくれたおこのの死に、大拙もアランも打ちひしがれただろう。大徳寺・龍光院の小堀南嶺への八月七日の手紙で大拙は、「考えて見ると、年とるのがよいか、わからぬようになった、友達はなくなる、妻はなくなる、身のまわりの世話人はなくなる、……おこのの奴、横に居て、よく笑ったものだ、人生と云うものは、このような、つまらぬことの重なりで出来て居る」と嘆いている。

一九四八年一〇月に、大拙はビアトリスやアランとの思い出深い京都の邸宅を引き払い、安宅弥吉に返却した。それからの大拙の拠点は、北鎌倉の正伝庵と松ヶ岡文庫に集約された。京都にあった書籍と大型トランク二杯分あった古い手紙類も正伝庵に運ばれたが、大部分の手紙は大拙の命を受けて古田紹欽が焼却したという。そのときに古田は、重要な手紙を密かに抜き取って保存したとされている（『人と思想』）。それが貴重な研究資料として今日に伝わり、本書もその恩恵に預かっている。

アランと真理子の結婚式は、一九四八年一一月二一日に円覚寺の方丈で盛大に行われた。導師は朝比奈宗源が努めた。芸能界に生きる新郎新婦のことなので、高峰三枝子をはじめ大勢の芸能関係者が招かれ、報道陣が詰めかけた。挙式に招かれた日本映画研究者のドナルド・リチー（一九二四─二〇一三）は、大音量の音楽が境内に響く派手な挙式に「憤りさえ感じた」（北國新聞社編集局編『禅　鈴木大拙　没後四〇年』）という。

アランと真理子の結婚は、大拙にとって感慨深いものだったようだ。一九四九年の雑誌「婦人生活」に「我が子の結婚」というエッセイを、大拙は書いている。

私は本年八十歳になるが、我が子の一粒種勝《まさる》に、むこうも一粒種の池真理子を嫁に迎えた。当人同士がそうなりたいというし、もう、二人だけで生活を立ててゆけるので、それはよかろうと同意した。戸籍のことだとか、真理子が歌うたいであるからとか、そんなことは、何も問題にしていない。すべて当人同士、よきようにやればよいのである。

真理子は、女の歌うたいで、高いレベルに立っている嫁ではあるし、勝もアメリカの大学にゆき、帰ってからも外国人相手の仕事をしているから、万事心得ているかもしれない。


大拙はアランのことを「我が子の一粒種」だといっている。このひとことから、アランが養子ではなく実子だと装いつづけていたこと、親としての愛情が大拙にはまだあったことが読み取れる。大拙は歌手としての真理子の実力を認めている。一方で、「勝もアメリカの大学にゆき」と大拙は書いているが、アランに留学の経験はない。おそらく日米学生会議の代表として渡米したことを、「アメリカの大学にゆき」と表現したのだろう。

真理子はアランと結婚して、大拙という義父ができたことを喜んだ。早くに父親に死なれた真理子には、お父さんと呼べるひとがずっといなかったのだ。おこのがいなくなって困っていた大拙を、真理子は嫁として支えた。そのために地方での仕事は断るようにした。一九四二年に安宅弥吉らの支援で松ヶ岡文庫ができ、文庫と正伝庵とを行き来していた大拙にとって、若い嫁が近くにいることはありがたかったろう。大拙はアランの結婚を喜び、アランのほうは真理子を幸せにし、これからは父を安心させるようにがんばるといっていた。墓参のために三人で金沢へ旅行したとき、父に対していつも優しく気を配るアランをみて、よい親子だなと真理子は思った。大拙はビアトリスの形見のショールや家具を嫁に譲った。真理子はビアトリスのショールでステージ衣装を作った。アランと真理子はお互いを「おっさん」「おばはん」と呼び、幸せに満ちた新婚生活を送っていた（池真理子関係者談）。

アランの仕事は順調だった。国立国会図書館と日本音楽著作権協会のデータベースを引くと、この頃にアランが作詞した歌謡曲として、「帰去来賦」（作曲・山崎八郎）、「さよならワルツ」（一九四九、作曲・レイモンド服部）、「スイング娘」（一九五〇、作曲・平川英夫）、「ブギ・カクテル」（作曲・服部良一）、「ブギカンタータ」（作曲・服部良一）、「ベサメ・ムーチョ」（一九五〇、作曲・ヴィラスケス）が登録されている。これらのうち「さよならワルツ」「スイング娘」には、池真理子が歌ったレコードがある。「ブギ・カクテル」と「ブギカンタータ」は「東京ブギウギ」をリメイクしたものだろう。

図4　新婚時代のアランと真理子。
引用元：「アサヒグラフ」1949年2月9日号

書籍では、一九四八年には『アメリカ式家政法』という訳書を、アラン自身が設立にかかわった極東学芸通信出版社から、翌年一二月には大リーガーのジョー・ディマジオ（一九一四―一九九九）著の『百万人の野球』の翻訳を、ビクター・ベルウッド名でホーム・ジャーナル社から出している。前者は日本人が進駐軍の家庭にメイドとして雇われたときの心得事を記した本に、アランが対訳を付けたものだ。後者はニューヨーク・ヤンキースの名選手による入門書で、各守備位置の役割、投・打・走の技術などを中心に、野球の楽しみ方を平明に書いている。

仕事に恵まれた、順風満帆な新婚生活だった。一九四九年二月九日の「アサヒグラフ」誌には、流行歌の作詞家の特集が載っている。そこに「東京ブギウギ」などの作詞家・鈴木勝と池真理子夫妻の、くつろいだ仲むつまじいツーショットがみられる。ふたりの幸せがこれから崩壊していくとは、この写真からは予想しにくい（図4）。

アランの酒癖

アランの仕事はうまくいっていた。普段は温厚な人柄で、特に女性には優しく格好いい男だった。だが、アランの酒癖は悪名高かった。赤坂にオフィスを構え、毎日遅くまで仕事仲間と酒を飲んで、終電で北鎌倉へ帰る日々をアランは送っていた。真理子も都合が合うときには夫とともに帰宅した。終電に乗るひとはいつもだいたい決まっていて、仲よくなった乗客と音楽の話や猥談などをしながら、にぎやかに帰宅した。終電車が着く時間を過ぎても家に帰って来ないアランを真理子が探しに行くと、円覚寺の笹のなかで寝込んでいたということもよくあった。酒を飲むとちょっとした事で口論をし、酔ったアランは乱暴になり、コロムビアのお偉方のまえでお膳をひっくり返したり、家の二階の窓から机を投げたりもした。しかし、翌朝になると本人は何も覚えていなかった（池真理子関係者談）。物は投げても、ひとに危害を加えることは決してなかったと、アランを知る者は口をそろえる。泥酔していても、どこかに醒めた自分がいて、行動をコントロールしていたのだろうか。
この頃、酒癖について書いた大拙の文章がふたつある。だれのこととは明言こそしていないが、アランのことを書いたのだとみて、まずまちがいない。ひとつ目は初出不明であるが『禅　随筆』（一九二七）に収録されている「酔払いと心中と宗教」というエッセイだ。

わしの知り合いに酒を解したものがある。平生は如何にも戦戦兢兢《きょうきょう》として居る。誠に温良な模範的（?）人物である。処が、一杯やると、忽然として人物が違う。其妙処に入るときは、本来の面目を余蘊《ようん》なく発揚する。脱酒自在の活人物が現われる。今まで自分で作った牢獄の中に鞠《きっ》躬《きゅうじょ》如としてかしこまった男が、直ちに無限者自体と変化する。夜叉性又は羅刹性を具えぬ限りは、傍人もこれに同化せられる。第一に自他の区別を超越する、即ち空間的に自在となる。それから時間に囚えられぬ、時計が一分二分乃至《ないし》一時間二時間と刻み行くのを何とも思わぬ。所謂《いわゆ》るだらしなくなる。汽車の間に合わなくても構わぬ、それで時間の制約を飛び出る。酔っても酔わぬと云う。明日のことを考えぬ、借金をわすれる。王公の前も憚《はばか》らぬ。この男はこれで完全に道徳や因襲や因果をその足の下に踏みにじる。こんな人間は自在者、無限者でなくて何であろう。昔から酒が感傷的な人に好かれ、又終日労働の圧迫に堪えたものに好かれるのも尤もな次第ではないか。有限から無限へのあこがれが宗教であり、芸術であるなら、酒飲みは宗教そのもの、芸術そのものである。

文中に「誠に温良な模範的（?）人物である」と、わざわざ「（?）」を入れていることから、大拙はごく身近な人物のことを書いていると推測できる。全体としてはその人物の飲酒癖を責めている。しかし、最後のところでは「酒飲みは宗教そのもの」と書いている。これは単なる皮肉なのか、それとも深遠な哲学なのか、見解が別れるところだろう。

ふたつ目は、アランと真理子の新婚生活中にあたる一九四九年二月に、雑誌「かまくら」に発表した「酒呑み」というエッセイだ。こちらも、大拙がアランを意識して書いたとみられる重要な文章なので引用しておく。

時々考えることがある。酒呑みほど馬鹿な人間はない、と。第一、時間を空費する。第二、貴重なお米を浪費する。第三、精神を錯乱させて、天寿を短縮させるだけで、社会人として役に立つべき自分を台なしにする、他に迷惑をかける。第四に、その子孫によからぬ精神的影響を残す（これはまだ十分に生物学的には証拠だてられぬと云うが、学問的根拠は兎に角、実際日常の見聞では、大酒呑みの子孫には好ましからぬ遺伝が現われるようだ）。第五に人間の尊貴性を毀損する。第六に家内一般に迷惑をかける。第七に根性がきたなくなる。酒が呑めると云うと、何はさておき、その方に流れこむ。数え上げるとまだ何かあると思うがそれくらいにしておいても、酒呑みに百害があると云ってよい、そうして一利が果たしてあるかないか、大なる疑問である。

多言を要しないとは思うが、一点だけ解説を加えておこう。第四のところで「実際日常の見聞では、大酒呑みの子孫には好ましからぬ遺伝が現われるようだ」と大拙は書いている。アランの実の親は酒癖が悪かったと大拙は聞いていたようだ。一九六〇年七月二七日のアランへの手紙のなかで、「お前の酒癖の悪い事、残念ながら遺伝のせいだ」（著者訳）と大拙は書いているからだ。アランの実の両親の素性について、だれにも話さなかった何かを大拙は知っていた可能性がある。

大拙は酒飲みを非難しているようにみえる。しかし、エッセイの末尾にはまた、つぎのようなあいまいな表現が出てくる。

呑めるだけ呑んで、くだを巻くなら巻いて、ころりと死んで行けば、是非妙ならずとせずであろう。そうして歌を作るもよかろう。「百年の憂を懐く」など、時間や知性の囚とならずに、一杯をあげるところに、現在即永遠の興が味われるなら、その人の好き好きにさせておいてよいとも思われる。

最後はやや投げやりにも読める。酒癖の悪い人間は駄目だ。アランにそれさえなければと、惜しいと思う。しかし、もういい大人だし自分も年だ、勝手にしろということだろう。

式場隆三郎との出会い

長崎で被爆した医師・永井隆（一九〇八―一九五一）の随筆『長崎の鐘』をコロムビアが映画化する話が、一九四九年に持ち上がる。その主題歌を古関裕而（一九〇九―一九八九）が作曲し、サトウハチロー（一九〇三—一九七三）が作詞して、真理子が歌うことになる。真理子は「長崎の鐘」を自分のプログラムに入れ、レコーディングに備えて劇場で歌っていた。その映画化を仲介したのは、永井と親交のあった精神科医・美術評論家の式場隆三郎（一八九八—一九六五）だった。療養中の永井の容態が急変したとき、真理子とアランは式場とともに長崎へ見舞いに行くなどして、交流を深めて行った。

「長崎の鐘」の歌詞には男性の視点が入っていたため、レコーディングには国民的歌手の藤山一郎（一九一一—一九九三）が起用され、大ヒットした。真理子は「長崎の鐘」の歌手にはなれなかったが、このときの式場との出会いが、彼女の運命を変えることになる（池真理子関係者談）。

式場隆三郎は西洋美術に通じ、画家の山下清（一九二二—一九七一）の才能をいち早く見出した精神科医として高名なだけでなく、性教育や産児調節運動のオピニオン・リーダーでもあった。これだけでも、アランの関心を惹き付けるのにじゅうぶんだった。しかも隆三郎には、美香子という美貌の娘がいた。美香子はすでに結婚していたが、英語とフランス語に堪能で、アメリカの礼儀作法書を翻訳出版するなど、才色兼備の令夫人だった。真理子は隆三郎に近付くことによって、アランを美香子に近付けてしまった。

「主婦と生活」の一九四八年三月一日号に載った、「名奥さまばかりで語る円満心得うちあけ会」という座談会記事に、美香子の男性観がうかがえる発言がある。

結婚して五年目ですけれど、私、これから、理想を持とうと思っております。男の方というものは男らしさというもの、人間として何かご自分のものを持っていらっしゃる。たとえば、教養というように感じられますが、決して表には出さないが、強く奥さんをリードしてゆくものがほしいです。今までのような強制的なものでなく。

結婚五年目だという美香子は、あきらかに夫に対して不満を持っている。より魅力的な男が近くに現れたら、すぐにでも気を移してしまいそうな気配があふれている。それから二年ほど後に、美香子はアランと出逢う。

一九四九年一一月には、永年の禅研究の功績で、大拙に文化勲章が贈られた。このとき大拙はハワイでの会議に参加していたために、親授式を欠席した。ちなみに、この年の叙勲者には、歌舞伎役者の六代目尾上菊五郎（一八八五―一九四九）、歴史学者の津田左右吉（一八七三―一九六一）、小説家の谷崎潤一郎（一八八六―一九六五）と志賀直哉（一八八三―一九七一）らがいる。また、大拙は一九五一年に文化功労者にも選ばれている。受章者がもらえる年金は、すべて松ヶ岡文庫のために使った。

文化勲章受章の翌年頃に、アランが働きかけて池真理子の後援会が作られた。会長は式場隆三郎で大拙も発起人に名前を連ねた。一九五〇年に真理子は、「センチメンタル・ジャーニー」をレコーディングした。そのB面にアメリカ映画「腰抜け二挺拳銃」（一九四八）の主題歌「ボタンとリボン」を入れることになり、その訳詞がアランに回ってきた。レコードは六月にコロムビアから発売され、B面の「ボタンとリボン」のほうが大ヒットする。歌詞のなかの〝Buttons and Bows〟

の音がつながって「バッテンボー」と聞こえることで印象深い歌になっている。一九五〇年のアランは、歌手の黒木曜子（一九二一―一九五九）が歌ったスペイン歌謡の「ベサメ・ムーチョ（接吻の歌）」の訳詞も手掛けている。

後援会ができ、ヒット曲にも恵まれて、真理子とアランの夫婦は絶好調だった。一九五〇年の暮れに、真理子は妊娠したことを知る。そして翌年の六月に女の子を授かる。アランと真理子は大拙に名付け親になってもらい、大拙はブッダの母にちなんで麻耶と名付けた。真理子は産後の体力が回復するにつれ、歌手の仕事に復帰していった。母親になった真理子は、芸に新しい境地が開けてくるような気がしていた。

突然の別れ

そんなある日、真理子は夫についての気になる噂を耳にする（以後の顚末は、池真理子関係者談）。アランが毛皮を羽織った外国人のような女性と、帝国ホテルに入っていくところを目撃したひとがいるというのだ。真理子がアランに問いただすと、それは式場美香子だという。仕事のパートナーになってもらったのだと、アランは言い訳をした。真理子はそれをすっかり信じ込み、いい仕事仲間ができてよかったねと、おひとよしな態度を夫にみせた。

真理子は自分の仕事が忙しくなったこともあって、夫のことにあまり関心を向けられなくなっていた。アランは有楽町の三信ビルに事務所を構え、そこで美香子をパートナーに翻訳などの仕事をはじめていた。三信ビルは戦後、占領軍の下士官宿舎になっていたのが、一九五〇年六月に接収解除されていた。アランはそこにテナントとして入った。真理子はアランが三信ビルで何をしているのかも、よく知らなかった。

この頃の大拙の手紙をみていると、外国人訪問客の通訳とガイドをアランに頼みたいとするものや、アランからの借金の無心を断るものなどがみられる。大拙は通訳としてのアランの能力を信頼していた。アランのほうは自分の事業のために、資金面で大拙に頼りたかったが、お金をわたすことに大拙は抵抗があった。その一方で、大拙は親類や近しいひとへの援助は相変わらずしていたようで、アランには不満の種になったことだろう。

アランと真理子が戸籍上の結婚をしたのは、一九五一年一一月二〇日だった。おなじ日に、麻耶の出生届がようやく出されている。娘が生まれてから約五ヶ月も経ってから、出生届のさいにやむを得ず婚姻も届けた様子がうかがえる。

ところが、その年の暮れのこと、アランは年賀状のための切手を買ってくると北鎌倉の家を出たまま、夜になっても戻らない。六ヶ月の赤子を抱えて、真理子は不安な正月を迎えた。そして、知人の調べで、どうやらアランは女とホテルで過ごしているようだと知る。一九五二年一月三日、真理子は第二回のNHK紅白歌合戦に初出場した。しかし、心労で眠れない日々がつづいていたので、思うようには声が出なかった
一ヶ月が過ぎてもアランは帰ってこない。ある日、真理子の留守中にアランが美香子とともに家にやって来て、家財道具を持ち出した。真理子はアランに何度も手紙を送り、自分の何が悪かったというのか、話し合いたいと訴えた。家出から三ヶ月目にようやく返事が来て、銀座でアランと会

うことなる。真理子は従姉妹の夫に付き添われて指定されたレストランへ行ったが、そこにはアランは来なかった。代わりに式場隆三郎と美香子が待っていた。隆三郎は娘が真理子から夫を奪ったことを詫びたが、大人のしたことなので親としては何もできないという。アランを返してほしいと懇願する真理子に、そんな大事なひとだったのなら、縄でつないでおけばよかったのにと美香子は言い放った。麻耶を引き取ろうかという隆三郎に、売春婦になってでも自分で育てると真理子は返した。

真理子は片親になる娘がふびんだった。心労からやせ細り、母乳の出も悪くなっていった。あるとき、アランの作った多額の借金の請求書が届き、驚いたことに借用書では家が担保に入っていて、真理子の署名と捺印まであった。もちろん、真理子にはそんな借金をした覚えはなかった。

そんなところへ、何も事情を知らない大拙が滞在中のアメリカから一時帰国した。真理子は大拙を訪ね、半年間の出来事を涙ながらに伝えた。アランがようやく落ち着くかもと期待していた大拙は、真理子との破局に落胆した。アランは見込みがない男なのでもう別れたほうがよい、お前を自分の養女にしてやってもよいと、大拙は真理子をなぐさめた。

「大拙日記」によると、七月から八月にかけて大拙は何度かアランと会っている。原稿のタイプをさせながら、真理子との離婚のことについても話したと、「大拙日記」にはある。そして八月二四日には、真理子と彼女の母が大拙を訪ね、離婚について相談している。

真理子はアランと別れる決意をする。九月一二日の「大拙日記」には「アランの家の所有権は、彼の借金を払うことでわしに移った」（著者訳）とある。アランの借金の後始末は、大拙がつけた。

真理子は毎月の娘の養育費をアランから受け取ることにし、慰謝料は請求しなかった。

大拙の憂い

大拙は九月一四日にふたたび日本を離れ、アメリカへ出発した。二一日の鈴木玲への手紙には、「アランのその後の模様、折にふれて知らせてくれ、それからまり子の事も」と気に掛けている。また一〇月一二日の古田紹欽への手紙にも、「池まり子はどうして居る」「式場さんにこちらで一寸会った」とある。

アランと真理子の協議離婚は、一一月に届けられた。新しい人生を踏み出した真理子は、若い頃からの夢だったアメリカでの芸能活動を考えるようになる。一一月二五日の古田宛の手紙に大拙はこう書いている。

〇〇〇の一件、その後まじめに、勤めて居るか、如何、式場さんにも、こちらで、会った、勿《もち》論《ろん》、何事も語らなかった、〇〇〇、当地に来ると云うはなし、コロンビヤで金を出してくれるか、如何、

二カ所の「〇〇〇」は、『鈴木大拙全集』の編者が伏せ字にした部分だ。最初の「〇〇〇」は「アラン」、二番目の「〇〇〇」は「まり子」だろう。

一二月一八日の鈴木伊智男への手紙でも大拙は、「アランは其後辛棒して居るか、酒をのむのが

一番いけないが、これも心理的なものがあるとすると、結局は、根本的なものにふれる」と書いている。

翌一九五三年一月二日、真理子は第三回NHK紅白歌合戦にも出場する。出産・離婚を経て芸に幅が出たとの世間の評判も聞かれた。夢の渡米については、パスポートの取得で暗礁に乗り上げていた。その頃、日本人は自由に海外へ行けなかった。真理子はコロンビア大学の教員になっていた大拙を頼ろうとしていた。アメリカでの身元引き受けはもちろんのこと、資金面での相談もしていたことだろう。一月二〇日の林田久美野への手紙で大拙は、「まり子渡米の件、わしが呼ぶと云うのは、便宜上のことと信ずる、金は当方から一文も出ないのだ、皆まり子が仕弁《支》する、それで大に、かせいで居るのであろう、わしとし〔て〕は、自分だけで、ぎりぎりである」と、身元は引き受けるが金は出せない事情を吐露している。

アランは真理子の渡米に何やら文句を付けたようだ。「大拙日記」には、一月一六日に昨夏以来はじめてアランからの手紙を受け取ったとあり、「かわいそうな奴だ、離婚の余波にとても動転している」（著者訳）と添えてある。また二月六日の古田への手紙には、「その後〇〇〇の消息をきくか、〇〇〇の渡米一件で、よほど、おこって居るらしいが、バカなことを、やりださねば、よいと思う」とある。最初の「〇〇〇」は「アラン」、二番目の「〇〇〇」は「まり子」と入れてみて無理はない。

式場美香子は一九五三年二月にアランの戸籍に入った。形ばかりの結婚式を開いたようで、服部良一もそれに招待されたが出席を断った。美香子が前の夫といつどのような形で別れたのかはわからない。前夫とのあいだに男の子がいたが、アランのところに美香子の連れ子がいたという証言はない。アランと美香子はふたりだけの生活をしていたとみられる。

一九五三年四月と五月の大拙のアメリカからの手紙には、アランのその後と真理子の渡米のことを心配する文言が並んでいる。それらを拾い上げて並べておく。

四月一〇日　まり子の米国行は、どうなったか、その後の評判はいかが、［ひとの噂も］七十五日か、とに角、アランもまじめに、やってくれさえすれば、それに越したことはない

四月一二日　アランの義、これで、結着がついて、一所懸命に仕事に励むようになれば、それに越したことはない、そうあれかしと念ずる

五月二三日　アランその後は幸福ときく、これにこした事なし、永続性あれと念ずる、酒をやたらにのまず、贅沢さえしなければ、よい人間なのだ

五月二六日　池まり子も容易に旅券が入手できぬらしい、わしの欧州行きには無論間に合わぬ、来るとすれば秋だろう

コロンビア大学に残る資料によると、大拙は義理の娘の渡米手続きのために、自身の身分と所得

の証明書類を取っている。大拙のそうした尽力にもかかわらず、結局、真理子の渡米はこのときはかなわずお預けになる。一九四五年から五三年は、大拙もノブも真理子も、アランの身勝手さに振り回されつづけた時代だった。ノブは日本で知り合ったアメリカ人と一九五一年に再婚して、娘とともにアメリカへわたった。アランとは会うこともなく、二〇〇九年まで生きて九三歳で亡くなった。真理子は「スゥイングの女王」として、日本の歌謡界での評価を不動のものにしていった。

第5章　大拙とビート世代

アメリカの「きょうだい」たち

一九五〇年代なかばは、大拙にとって重要な一時代になる。大拙によって紹介された禅が、アメリカの大衆社会に爆発的に広がっていったのだ。その大きな原動力のひとつが、ビート世代と呼ばれる若い作家・詩人たちだった。

ビート世代は「反社会的」で無軌道、世の中の規範に逆らって独自の生き方を模索していた。アランとビート世代は年齢が似通っている。あるいは、アランは時代の意識を彼らと共有していたのかもしれない。そういう視点で、ビート世代と大拙の交わりを追いかけてみると、アメリカ滞在のために親子の接触が少なくなった一九五〇年代なかばに、大拙が「アラン的な存在」をどうみていたのかがわかる。さらにいうならば、アランとの親子関係という視点を置けば、大拙とビート世代の関係が、これまでとは違ったものにみえてくる。また、ビート文学を「文学」と呼ぶことが許されるなら、ビート世代の禅への接近・絶縁というアメリカ文学史上の「事件」に、大拙とアランの関係が影を落としていたこともわかる。
では、ビート世代とは何だったのか。

僕は見た　狂気によって破壊された僕の世代の最良の精神たちを　飢え　苛ら立ち　裸で　夜明けの黒人街を腹立たしい一服の薬《ヤク》を求めて　のろのろと歩いてゆくのを（アレン・ギンズバーグ〈諏訪優訳〉「吠える」『ギンズバーグ詩集』）

一九五五年一〇月七日、サンフランシスコ市フィルモア通り三一一九番地にあったシックス・ギャラリーで、一九五〇年代のアメリカ文化がひとつの頂点を迎えようとしていた。この夜、ギャラリーにいたのはアレン・ギンズバーグ（一九二六―一九九七）、ジャック・ケルアック（一九二二―一九六九）、ゲーリー・スナイダー（一九三〇―　）、フィリップ・ウェーレン（一九二三―二〇〇二）といった詩人・作家らだった。

この夜、ギンズバーグは自作の詩「吠える」を朗読した。精神病院で知り合ったカール・ソロモン（一九二八―一九九三）に捧げる詩だった。麻薬、セックス、同性愛を散りばめたその韻文は、時代の「良識」あるひとびとが眉をひそめるものだった。のちに「吠える」を出版した書店の経営者は、そのわいせつさを問われて逮捕され、裁判にかけられることにもなった。

この朗読会を企画したのは、詩人のマイケル・マクルーア（一九三二―二〇二〇）だ。彼によると、「もっとも深いレベルでひとつのバリアが壊され、アメリカとそれを支える陸軍、海軍、学会、機関、所有権システム、そして権力支持基盤の険しい壁に向かって、ひとりの人間の声と体がぶつけられた」（著者訳、Charters, Ann.（ed.）*The Portable Beat Reader*）ことを、一五〇人の聴衆は感じた。そう、狂っているのは精神病院に入れられた者ではなく、入れた側なのだ。原爆を落とし、ヒステリックに「赤狩り」をし、冷戦をやめられず大量殺人兵器を作りつづける政・官・学・産・軍が支配する社会のほうが狂っているのだ。

この朗読会に集った若い才能が、ビート世代と呼ばれるひとびとだった。そして彼らのインスピレーションの源泉がドラッグと仏教、とりわけ大拙の禅だった。

ビート作家らは定職を持たず、定住もせず、異性・同性との性の快楽におぼれ、薬で鋭敏になった感覚で「不道徳な」文学を生み出した。それは郊外の一戸建てとテレビ、二台の車を持ち、愛に包まれた「アメリカン・ファミリー」の理想に、真っ向から背を向けるものだった。ビート世代が求めていたのは、「新しい意識」だった。

アメリカ社会の中心的な層は、彼らを受け入れなかった。アメリカにはビート世代を忌み嫌っているひとが、いまでも少なからずいる。それでも、アメリカ文化の一部に禅を溶け込ませることに、ビート世代は確実に役割をはたした。

もちろん、アランは同性愛者でもなく薬に手を出していた証拠もないので、彼らとおなじではない。しかし、大拙から何らかの影響を受けたこと、詩作を通して自分のメッセージを世の中に伝えたことは共通している。

アランからみれば、ビート世代はアメリカの「きょうだい」たちなのだ。

その「きょうだい」たちは大拙から何を学び、彼の思想をどうアレンジしたのか。大拙は「アメリカの息子たち」にどう接したのか。

だが、禅とビート世代のことを話すまえに、禅がアメリカにたどり着いた歴史と背景を説明しておかなければならない。日本とアメリカのあいだに張られた文化の糸がどのようにつながったのか、その説明を省いては先に進むことができない。ここで時計の針を、いったん一九世紀なかばまで戻そう。

超絶主義の下地

新しい土地で異文化が受容されるには、それを受け入れる下地がいる。「外国の○○は自国の△△のようなもの」と解釈することで、異文化への近さを感じ、それに接近しやすくなる。アメリカには、ラルフ・ワルド・エマーソン(一八〇三―一八八二)、ヘンリー・デイヴィッド・ソロー(一八一七―一八六二)といった思想家がいた。彼らの思想は「超絶主義」と呼ばれていた。それが、アメリカで禅が受容されるひとつの下地になった。

超絶主義とは、一九世紀なかばのボストン周辺で、ユニテリアン教会に属する神学者らがドイツ観念論を研究し、インド哲学の影響も受けて形作った思想である。超絶主義者は、生きとし生けるもののつながりを洞察し、人間の善を信じ、経験よりも観念を重視する。その中心的な思想家はエマーソンで、彼の『自然』(一八三六)は超絶主義の頂点ともいえる。

エマーソンの仲間のソローは、ボストン近郊のコンコードにあるウォールデン池のほとりの森のなかに丸太小屋を建て、そこで二年二ヶ月に及ぶ自給自足の生活を送った。その記録『ウォールデン――森の生活』（一八五四）には、ソローのまるで禅僧のような禁欲的な生活が記されている。その後の作家から現代のエコロジー運動家にいたるまで、ソローは永く影響を与えつづけている。エマーソンとソローのほかにも、『若草物語』（一八六八）の作者ルイーザ・メイ・オルコット（一八三二―一八八八）も、親の代からの超絶主義者といえる。彼らはみなコンコードに住み、日常的に交わり、理想をわかちあっていた。

大拙は、超絶主義のことをよく知っていた。たとえば、『一真実の世界』（一九四一）では、ソローが実践した原始生活を紹介し、彼らが東洋、とくにインド思想を研究していたと書いている。大拙は若い頃にエマーソンを読んで、「自分の心に近く触れて来るものを感じ」たという。超絶主義の思想のルーツに東洋思想があったのがその理由だと、大拙はあとで気が付いた。また、ケーラスを頼って渡米する直前の一八九六年に大拙は、「エマーソンの禅学論」という小論を発表し、「予は敢《あえ》て云う、彼は禅を説くものなり、少なくとも禅的修養を説くものなり」とまで書いている。

では、超絶主義と大拙の禅は、どれくらい近いものなのだろうか？　エマーソンの代表作『自然』の終章には、こんなことが書かれてある。

人間の心に研究の用意があるならば、対象を探し求める必要はないであろう。平凡なもののなかに、不可思議なものを見ることは、英知の変ることのない特質である。一日とは何か。一年とは何か。夏とは何か。女とは何か。子供とは何か。眠りとは何か。われわれの盲目の目には、これらのものは、感動的でないもののようにみえる。寓話において、われわれは赤裸々な事実をかくし、その事実を、もっと高い、心の法則に、いわば従わせようとする。しかし、この事実が、ある観念の光のもとに、あかるみに出ると、はなやかな寓話は、色あせてしなびてしまう。われわれは、真のより高い法則を見る。(斎藤光訳、『エマソン名著選　自然について』)

軽々しい判断は慎みたいが、「平凡なもの」のなかに「真のより高い法則を見る」のは、禅の「悟り」の境地と似ているように思える。若き大拙が「彼は禅を説くものなり」と共感するのも、うなずける。またソローは森の生活の実践から、「自分の生活を簡素なものにしてゆけば、これに比例して宇宙の法則も複雑ではないように見えてくるだろう」(佐渡谷重信訳、『森の生活』)と悟った。ソローの生活もまた禅的だ。

こういったことを眺めてみると、インドからはじまった思想が、西周りでエマーソンやソローに影響を与え、東周りで大拙に伝わり、大拙がそれをさらに東へ運んで、アメリカ大陸で両者が調和したかのようにもみえる。しかし、そういったみかたには、やや注意が必要だ。

その理由は、大拙が禅を語るのに使った言語表現が、超絶主義者の影響下にあるとみられるからだ。「不立文字《ふりゅうもんじ》」(文字では伝えることができない)とまでいう禅を、言語・思想・文化・宗教の違う西洋に伝えるのに、どのようなことばを使えばよいのか、大拙は悩んだはずだ。そのとき、若い頃に親しんだエマーソンやソローのスタイルが、意識的か無意識的か、大拙の言説になってあらわれたのだとも考えられる。

たとえば、大拙は悟りを開いたあとの生活を、「それは、嘗《かつ》て経験した何物にもまして、より満足な、より平和な、より喜びに充ちたものであろう。生の調べが一変するであろう。……春の花はより可憐に、渓流はより冷くより清冽《せいれつ》になる」（坂本弘訳『禅学への道』）と表現する。また「無心」の境地を、「彼は空から振る夕立のように考える、海原にうねる波のように考える。夜ぞらに輝く星のように考える。爽快な春風にめぐむ木の葉のように考える。実に、彼は、夕立であり、海原であり、星であり、木の葉である」（増谷文雄訳、「ヘリゲル『弓と禅』への序文」）と表現する。こういった言説は、超絶主義者らの文章と見間違うほど似ている。

一九四七年に発表した「明治の精神と自由」という文章のなかで大拙は、エマーソンの「自分の心に動くことを表現するに躊躇するな。大人物だと云われている人でも、自分の心の中に在るもの以上に、何ものをも持っているのではない。今ここに〔窓の隙から〕一条の光明が射し込んで来て、自分の頭の上に落ちたとせよ。如何に微かでも此光の証人は自分だけの外に誰もないのだ。これを天下に宣言するに誰を憚《はばか》ることもいらぬ」ということばに「深く感動した」と書いている。内にあるものを物おじせずに自由に表現する精神こそが、大拙がエマーソンから引き継いだ、大切なことなのかもしれない。

また、エマーソンは『代表偉人論』（一八五〇）の一章をスウェーデンボルグに捧げている。大拙もかつてスウェーデンボルグに親しみ、いくつかの主著の日本語訳まで手掛けたことを考えると、これら三者は思想的に近い部分があるのだろう。

大拙に影響を与えた西洋の思想家として、スウェーデンボルグ、エマーソン、ソローのほかにも、中世ドイツの神秘主義者マイスター・エックハルト（一二六〇頃―一三二八頃）と、アメリカの哲学者ウィリアム・ジェームズ（一八四二―一九一〇）の名前もあげておかなければならない。大拙が自身の思想を形作り、それを英語で表現する術を身に付けるときに、彼らからどういった影響を受けたのか、その点についてはまだ研究の余地がある。いまの時点でいえることは、大拙がアメリカに伝えた「禅」の周囲には、東から来た文化の流れと、西から来た文化の流れがぶつかりあう乱流があるということだ。日本の禅がすばらしいので西洋にも受容されたといった、単純なことではないのだ。

初期の伝道

仏教がアメリカに伝わった経緯については、リック・フィールズの *How the Swans Came to the Lake*（『白鳥はどのようにして湖に来たのか』、一九九二）という、よい解説書がある。それをひもときながら、一九三〇年頃までの流れをまとめておこう。

東洋思想の香りを持つ超絶主義が東海岸からの流れだとするならば、仏教そのものは中国系や日系の移民によって、一九世紀なかばには西海岸からアメリカ大陸に持ち込まれていた。一方で、西洋の知識層は、仏教や禅のことを主に書物で知るようになっていた。

そして一八九三年のシカゴ万国博覧会のおり、第一回万国宗教会議が開かれた。そこには各宗教から代表が招かれ、それぞれの信仰についてスピーチした。日本からは天台宗の芦津実全（一八五〇―一九二一）、真言宗の土宜《どき》法龍（一八五五―一九二三）、浄土真宗の八淵《やつぶち》蟠竜（一八四八―一九二六)、そして臨済宗の釈宗演が参加した。宗演のスピーチは、実際には通訳が代読した。それによって日本の禅がはじめて公式に、西洋の知識人に向かって紹介された。このとき宗演の講演原稿を日本で訳したのが大拙だったこと、それが彼の長期渡米のきっかけになったことは、すでに述べた。

増えつづける移民の手によって大都市に中華街や日本人街ができ、そこに仏教寺院が作られ、各宗派は公式に開教使を送り込んだ。一方で、日本の宗派組織のなかでは周縁にいた僧侶や居士らも、新天地のアメリカでの布教に尽くした。

釈宗演は一九〇五年に、サンフランシスコの実業家アレクサンダー・ラッセルに招かれて、再び訪米する。宗演はラッセル邸に九ヶ月滞在し、各地で講演しながらラッセル夫妻に禅的な生活を教えた。大拙は翻訳者として滞在していたオープン・コート社を一時離れ、通訳として宗演の滞在を助けた。そして、ラッセル夫人は禅の公案を学ぶ最初のアメリカ人になった。

宗演はこの旅に、弟子の千崎如幻《せんざきにょげん》(一八七六頃―一九五八)を同行させた。如幻は日本で台頭する国粋主義に嫌気がさして、宗演の帰国後もサンフランシスコに残って布教する道を選ぶ。それからは、ホテルで働いて生活費を稼ぎながら英語を身に付け、公共図書館で西洋哲学の本を読み、ゴールデンゲート・パークでひとりで座禅をした。

一九〇六年には宗演の弟子の釈宗活(一八七一―一九五四)が、彫刻家の佐々木曹溪庵《そうけいあん》指月(一八八二―一九四五)ら六人の弟子を連れてサンフランシスコに上陸する。宗活は日本で両忘《りょうぼう》協会という居士禅の教団を主宰していて、サンフランシスコの日本人街にその支部を開いた。ただ宗活にとって残念なことに、そこに禅を学びに来た者の大半は日系人だった。

宗活の布教はうまく行かず、四年後には曹溪庵を残してアメリカから撤退する。曹溪庵は西海岸で仏像の修復などをしながら生活し、一九一六年にニューヨークに移住した。それからは、ニューヨークのスケッチを雑誌「中央公論」に寄稿し、日本・シアトル・ニューヨークを行き来しながら彫刻や詩作をし、宗活の指導を受けながらの禅修行に励んだ。そして一九二八年には、居士でありながら禅を教えることを宗活から許される。しかし、僧侶でもない人間が説く仏法に耳を傾けるアメリカ人は少なかった。曹溪庵は在家のまま布教することの限界を感じ、出家を決心する。だが、師の宗活は曹溪庵の出家に反対した。それに納得しない曹溪庵は宗活と決別し、大徳寺で得度した。ニューヨークに戻った曹溪庵は苦労を重ねたが、やがてパトロンが付いた。一九三〇年にはついにアメリカ仏教協会（のちの第一禅堂）を設立し、弟子を増やしていった。

一方、千崎如幻は一九二二年までにホテルビジネスを止め、禅の布教をはじめた。師の宗演はその三年前に遷化していた。宗演と如幻は、一九〇六年にアメリカで別れてから再会することはなかった。如幻は、古美術商から借りた一枚の文殊菩薩の絵だけを携えて、各地を移動しながら「移動座禅堂」を開いた。やがて如幻のもとには浄財が集まり、最初はサンフランシスコに、そして一九三一年にはロサンゼルスに自身の禅堂を構えた。

東海岸の佐々木曹溪庵指月と西海岸の千崎如幻は、宗教としての禅をアメリカに伝えた功労者といえる。ふたりに共通しているのは、僧侶として修行に専心した者でも、正式に教団から派遣された者でもないことだ。曹溪庵の本職は彫刻家だった。如幻は僧侶ではあったが、アメリカで約一七年間もビジネスに身を置いてから布教をはじめた。このように、法脈の正当性への疑問を残しながらも、禅の仏法は太平洋を越えた。

英語による禅

宗教者による布教とならんで、学者が禅について英語で書きはじめたことも、のちの世に大きな影響を及ぼした。もちろん、そのパイオニアは鈴木大拙である。一九二一年に大拙は妻のビアトリスに助けられながら、英文雑誌「イースタン・ブッディスト」を創刊した。この雑誌は、真宗系の大谷大学から発行されたにもかかわらず、宗派の枠を越えて大乗仏教を論じることを目指した。いまでもそうだが、仏教学の多くは自分が属する宗派の教義解釈や歴史研究である。大拙は禅宗と真宗を股にかけながら仏教学の可能性を広げ、世界に発信する先見性を持っていた。

大拙は「イースタン・ブッディスト」で禅の論考を立てつづけに発表する。それらは *Essays in Zen Buddhism*（『禅学論集』）という本にまとめられ、一九二七年にロンドンのルザック社から出版された。『禅学論集』は第三集まで出され、いくつもの出版社から再版された。また、一九三四年には内容をより一般向けにした *An Introduction to Zen Buddhism*（『禅学への道』）が京都で出版された。一九四〇年代頃までの英語圏の知識人は、大拙によるこれらの本だけを情報源にして、禅を理解していたといっても過言ではない。

一九二九年に、シカゴの著名な弁護士の夫人だったルース・フラー・エベレット（のちのルース・フラー・ササキ、一八九二―一九六七）が家族旅行の途中に日本に立ち寄り、大拙から座禅のしかたを学んだ。大拙は『禅学論集』の出版のおかげで、西洋への禅の紹介者として知られるようになっていた。大拙のもとには禅を知りたい外国人が訪ねて来るようになり、エベレット夫人もそのひとりだった。

このときエベレット夫人は、一三歳のアランと接触していた。一九二九年八月一〇日に大拙がビアトリスに書いた手紙によると、エベレット夫人がアランを鎌倉へ連れていったことや、アランが彼女を気に入っていることなどが記されている。

エベレット夫人はいったんアメリカに帰るも、禅への興味は消えなかった。禅を追求したいのなら日本に来るようにと、大拙はエベレット夫人に勧めた。一九三二年に彼女は再び来日し、大拙から南禅寺の老師を紹介される。そして大拙による通訳の助けを借りながら、そこで数ヶ月ながらも本格的な修行をして帰国した。

余談になるが、禅に興味を持ちはじめたビアトリスのことを、大拙は冷たくあしらったことがある。ビアトリスはそれがひどく不満だったようで「あなたはひどく不親切に、エヴェレット夫人を真似して、私がこうしていると言っていました」「他の人、例えばエヴェレット夫人が助けを求めて、あなたのところにやって来たら、あなたはすぐに対応するでしょう。しかし私が行っても、あなたは気が進まない様子で。なげやりとさえ言えます。それは何故なのでしょう？　あなたは私より彼女の方の誠実さを信じているのですか？」（横山ウェイン茂人訳、『没後四〇年』）と、書中で彼女への嫉妬を隠さない。そういう妻に大拙はどう向き合ったのか、向き合わなかったのか、知りたいところだ。

大拙を通して禅に傾倒したひとりに、イギリス人のアラン・ワッツ（一九一五―一九七三）がいる。一九三六年七月にロンドンでの第一回世界宗教信仰会議に大拙が招かれたとき、エベレット夫人と娘のエレノア（一九一八―　）、そしてワッツもその会議に参加した。その年の終わりにワッツは大拙の『禅学論集』を一般向けにした *The Spirit of Zen*（『禅の精神』）を出版し、英語ネイティブの禅の解説者としての地位を固めてゆく。

一九三八年にエベレット夫人はニューヨークに居を移し、曹溪庵のパトロンになる。アラン・ワッツはエレノア・エベレットと結婚し、おなじ年にニューヨークにやって来た。ワッツははじめ曹溪庵に参禅したが、禅に対する考え方の違いから、すぐに決別してしまう。エベレット夫人のほうは一九四〇年に弁護士の夫と死別し、曹溪庵との関係を深めていった。

不幸なことに一九四一年の日米開戦を受けて、曹溪庵とエベレット夫人、そして第一禅堂はFBIの関心を引くようになった。翌年に曹溪庵は強制収容所に入れられるも、エベレット夫人は腕利きの弁護士を雇って彼を解放する。そして曹溪庵は、永く別居中だった妻と離婚し、一九四四年にルース・エベレットと再婚する。しかし、彼らの結婚生活はすぐに終わってしまった。曹溪庵はもともと健康不安があったうえに、収容所での厳しい環境がたたり、一九四五年に病没する。こうしてニューヨークの第一禅堂は、指導者をなくしてしまう。戦時中に強制収容所に入れられた点では、千崎如幻もおなじだった。しかし如幻はその時代を生き延び、終戦後はロサンゼルスで「移動禅堂」を再開した。

このように、大拙や曹溪庵、如幻らの働きで、禅は戦前からアメリカにあった。しかし、ごく一部の修行者、知識人、芸術家のあいだで知られていただけで、大部分のアメリカ人にとっては、まだ聞いたこともないものだった。

禅と画家の接触

いつの時代でも、ことばや実践よりも、ビジュアルな表象のほうが情報として早く伝わるものだ。一枚の絵があれば、説明や解釈などなくても、そこからインスピレーションを得ることができる。アーネスト・フェノロサ（一八五三―一九〇八）が日本美術を西洋に積極的に紹介してから、「禅芸術」に分類される作品も、アメリカのコレクターや美術館の関心を引くようになっていた。そしてアメリカ国内でみた「禅芸術」に影響された芸術家らが登場する。

アメリカ人画家では、ジョージア・オキーフ（一八八七―一九八六）やマーク・トビー（一八九〇―一九七六）が嚆矢だろう。オキーフはフェノロサを愛読し、墨絵の影響を受けた作品を一九一六年に発表している。トビーはシアトルを拠点に活動していた画家だ。一九三一年から三三年までイングランドにいるあいだに、「源氏物語」を英訳したアーサー・ウェイリー（一八八九―一九六六）や、陶芸家のバーナード・リーチ（一八八七―一九七九）らと交際し、トビーはアートの東西交流について考えを深めていた。

一九三四年にリーチとともに香港・上海を旅したあと、トビーは京都郊外の禅寺に約一ヶ月滞在して、禅画・俳句・墨跡などに触れた。トビーがいた禅寺は京都府八幡市にある円福寺ではないかと思われる。その頃、円福寺には外国人のための禅堂があり、大拙はそこでたびたび講義していた。両者が深く交流した証拠はないが、トビーは大拙の本を読んでいただろうし、京都滞在中に面会くらいはしたかもしれない。

トビーはシアトルに戻ってすぐに、動きのある線を塗り重ねる作風を生み出す。この作風は禅の墨跡からインスピレーションを受けたもので、「白描《はくびょう》」（White Writing）と名付けられた。白描のスタイルによって、トビーは画家としての名声を確かなものにした。

アメリカ国内に増えていった「禅芸術」のコレクション、そして禅の影響を受けたアメリカ人画家による作品――こういったものもまた、戦後にビート世代が出現する下地になった。

ビート世代の誕生

一九四三年の冬、ジャック・ケルアックはニューヨークで遊び人のような生活をしていた。将来有望なフットボール選手としてコロンビア大学に入学したが、怪我やコーチとのいさかいの末、大学を中退していた。彼は学生時代にはもう、酒・薬物・売春婦に溺れた生活をしていた。大学中退後の一九四二年には米国商船隊の水夫になり、戦地に物資を運ぶ船に乗った。しかし上司への反抗的な態度、精神錯乱のような言動で翌年には除隊処分になる。

それからのケルアックはニューヨークでガールフレンドと同棲し、彼女の両親からの仕送りを食いつぶしながら、自由な生活をしていた。そして一九四四年五月に、友人の紹介でアレン・ギンズバーグと出会う。ふたりは意気投合し、同性愛者のギンズバーグはケルアックに魅了された。しかし、ケルアックのほうは異性愛者だったので、ギンズバーグとの性的な関係はすれ違いだったようだ。

この時期、ケルアックとギンズバーグは、ビート世代のもうひとりの重要人物であるウィリアム・S・バロウズ（一九一四―一九九七）とも出会っている。バロウズはケルアックとギンズバーグよりも年上で、ありとあらゆる麻薬や覚せい剤に手を出す、完全なドラッグ中毒者だった。またバロウズは同性愛者で、ギンズバーグを愛していた。彼らは数人の異性・同性とニューヨークで共同生活をし、ドラッグとセックスを日常的に楽しみながら、「新しい意識」を求める創作活動を必死につづけていた。

この世代を「ビート」と最初に形容したのは、バロウズだったといわれている（*The Portable Beat Reader*）。「ビート」は落ちぶれた、貧乏な、疲れ切った、を意味するスラングで、ジャズ・ミュージシャンやハスラーのあいだで使われていた。ケルアックはバロウズのこの用語が気に入った。ケルアックが自分と仲間を「ビート世代」と定義したのは、一九四八年のことだった。そして一九五二年一一月一六日の「ニューヨーク・タイムズ」に作家・詩人のジョン・クレロン・ホルムズ（一九二六―一九八八）による「これがビート世代だ」という記事が載り、この語が定着する。ホルムズは最初のビート作家ともいわれている人物で、ケルアックやギンズバーグとの対話のなかで、ビートということばを聞いていた。記事によるとビート世代は、本能的に個人主義で、自己表現が奇抜で共同体を信用しないが、「世界を彼らの夢の外に置くことができない」という。

さてこのビート世代だが、各人の宗教的な背景はまちまちだ。ケルアックはカソリックで、ギンズバーグはユダヤ系だが親は共産主義者で無神論者、詩人のゲーリー・スナイダーはネイティブ・アメリカンの宗教に親しんでいた。ビート作家のなかでもっとも早くから仏教に触れていたのは、フィリップ・ウェーレン（一九二三―二〇〇二）だった。ウェーレンは新興宗教のクリスチャン・サイエンスの家庭に育った。彼が仏教と出会ったのは高校時代だというのだから、一九三〇年代のことになる。それが禅への興味になったのは、大学時代にスナイダーと出会ってからだ。ウェーレンはスナイダーが紹介した大拙の本を読み、レジナルド・ブライス（一八九八―一九六四）が訳した俳句をスナイダーとともに勉強した（Tonkinson, Carole. *Big Sky Mind*）。ウェーレンは最後には禅僧になる興味深い人物なのだが、それは本書の主題からは離れるので深入りは避けることにする。

年代こそ不明だが、バロウズも早くから禅仏教を知ってはいたようだ。ケルアックとギンズバーグが知識として禅を知ったのは一九四〇年代だった（*Big Sky Mind*）。ケルアックは、大拙が英訳した楞伽経《りょうが》を一九五一年頃に読みはじめていた（『現代詩手帖特集版　総特集　アレン・ギンズバーグ』）。そして一九五三年から翌年にかけての冬に、ソローの『ウォールデン』を読んだ（*Big Sky Mind*）。

ケルアックやバロウズと出会った頃のギンズバーグは、コロンビア大学の学生だった。大学では法律を学ぶはずだったが、自分が同性愛者であることに悩みながら、学問よりもむしろ詩作の力を磨いていた。自分の借りたアパートが泥棒の溜まり場になって、一九四九年に拘置所に入れられたことをきっかけに、友人の勧めで精神病院に入った。そこでのちに「吠える」を捧げることになるカール・ソロモンと出会う。そして一九五三年四月にニューヨーク公共図書館で、ある屏風絵をみて感動する。それは釈迦が永い修行にもかかわらず悟りを得られず山を下りる姿を描いた「出山釈迦図」だった。この感動がギンズバーグをいっそう仏教へと向かわせた。それはアメリカでフェノロサあたりからはじまっていた東洋美術コレクションの、ひとつの帰結だった。おなじ頃にギンズバーグは大拙の『禅学への道』を読んでいた（『現代詩手帖特集版　総特集　アレン・ギンズバーグ』）。

知名度を上げる大拙

一九五〇年代はじめ頃の大拙は、アメリカでは「知るひとぞ知る」存在だった。二〇世紀はじめの時点では、一般にはまったく知られていなかったようだ。そのことを端的にあらわしているのが、一九〇六年四月八日の「ワシントン・ポスト」の記事だ。

ミスター・スグキは、いまこの国を訪問している釈宗演という、日本の鎌倉にあるクムラガ寺の住職の通訳をしている。ミスター・スグキの演説は、彼が英語によく親しんでいることだけでなく、同時にこの主題を完全に理解していることも、力強く示した。（著者訳、傍点著者）

一九〇六年には、大拙はまだ名前もまともに書かれていなかった。一九四八年に『禅学への道』がロンドンで再版されたことが、その状況を変えるきっかけになる。この再版には心理学者のカール・グスタフ・ユング（一八七五―一九六一）による序文が添えられた。一九四九年六月一九日の、おなじ「ワシントン・ポスト」に載った書評では、「ドクター・スズキは……禅の思弁的な神秘主義を紹介する」（著者訳）と、名字が正しく書かれている。同年には一九二七年に出版された『禅学論集』第一集が、ロンドンとニューヨークで再版された。

禅への関心がアメリカで徐々に広がっていること、それにもっとも大きな貢献をしたことが認められ、大拙はロックフェラー財団などの支援を受けて、一九四九年からコロンビア大学をはじめとする全米各地の大学で講義をするようになった。途中何度かの一時帰国を除けば、一九五八年一一月までのほとんどの期間を、大拙は主にニューヨークで過ごした。

一九四九年当時、大拙の前途はまだまだ多難だった。一〇月二二日にハワイから友人に出した手紙には、「併《しか》しどこを見ても、仏教は不振です、多くの人はただ其日暮しです、情けなく思う、今少しわしらの仕事に了解を持ってもよいと考えるが、世間は元来こうしたものなのでしょう、まあ、出来るだけをやります」と書いている。

一九五〇年三月一一日の「ロサンゼルス・タイムズ」は、クレアモント大学での大拙の講義を記事にしている。「その眼鏡をした学者がいうには、アメリカ人が散歩するのは、ある場所からある場所へと移動するためだ。東洋人が散歩するのは、自分の魂、自分の神と交わるためだ」（著者訳）と、大拙がよく使った東西文化の二項対立のレトリックがみられる。

この頃は禅に対して批判的な記事も出ている。一九五〇年六月四日の「ニューヨーク・タイムズ」には、歴史学者・哲学者のジェラルド・ハード（一八八九―一九七一）による『禅学論集』への書評が載っている。それによると、禅は自己を開放し、自分を知るにはよい心理学あるいは宗教だが、ふたつの危険がある。第一に、公案のような論理を超えた主張は意識に届かない。第二に、欲望や恐れから解放されたひとは、狂気に支配された国家、階層、あるいは狂信者に利用される。

ハードは、意識の開発に深い関心を持ち、ＬＳＤが意識に与える効果に早くから注目していたひとだ。言論に怪しさがつきまとう人物ではあるが、彼の第二の指摘にはうなずける部分もある。なぜなら、戦時中の日本でも、現代のアメリカでも、兵士を喜んで死地に赴かせるための精神的な訓練に、禅は利用されているからだ。

大拙がコロンビア大学に教員として着任したのは、一九五二年一月だった。同大学に残っている記録によると、最初のポストは中国語の客員講師(Visiting Lecturer in Chinese)で、六月に肩書きが宗教学の研究員(Associate in Religion)、一九五七年五月に宗教学の特任教授(Adjunct Professor of Religion)になり、同年七月に病気を理由に再任を辞退している。

コロンビア大学での大拙の講義は「華厳哲学」だった。ニューヨークという土地柄、西洋文化のオルタナティブを求める若い芸術家らが、たくさん聴講に訪れていた。ビート作家らはこのとき、大拙がニューヨークにいることを知らなかった。ケルアックもギンズバーグも、コロンビア大学での大拙の講義を聴いてはいない。彼らが大拙と面会するのは、もう数年あとのことになる。聴講者のなかでいちばん有名になった芸術家は、作曲家のジョン・ケージ(一九一二―一九九二)だろう。彼は禅からインスピレーションを得て、無音のピアノ曲「四分三三秒」を「作曲」したことがよく知られている。ケージは大拙の講義の様子を、つぎのように書いている。

部屋の両側には窓があり、中央には灰皿のついた大きなテーブルが置かれていた。テーブルの回りと壁際には椅子があった。椅子は講義を聞く人たちでいっぱいで、ドアの脇にはふつう数人の人が立っていた。単位のためにクラスをとっている二人か三人の人たちは、テーブルの回りの椅子に座った。講義時間は、四時から七時までだった。この時間内に、ほとんどの人がときどきうたた寝をした。鈴木はけっして大きな声では話さなかった。天気がいいと、窓が開け放たれ、ラガーディア空港から離陸する飛行機が、しばしばすぐ上空を飛んでいき、鈴木が言わんとすることをすべてかき消した。鈴木は、飛行機が通過する際に言ったことを、繰り返して言いはしなかった。（柿沼敏江訳、『サイレンス』）

西洋の若い芸術家や哲学者、心理療法家などが禅に反応していることに、大拙は自信を深めていた。一九五四年五月二〇日の哲学者・久松真一（一八八九―一九八〇）への手紙には、「近頃はプリンストンに限らず、ぼつぼつとわしらの考え方に共鳴するものが出て来るので、面白し、若い学生にも多少の反響あり」と綴っている。また八月一三日の古田紹欽への手紙には、「禅に対しての関心は、欧米に、益々広まってくるから、日本の学者及び修行者は、此点に益々努力をしなくてはならぬ、殊に坊さんの戒行の厳重ならんことを望みたい」とある。

碩学の変化

大拙は単身の海外生活を、八〇歳を過ぎてからはじめた。この体力は超人的だとはいえ、ビアトリスが他界してから一〇年、自分の日常を支えてくれる伴侶がいれば、どれほど助かるかと思うことはあったろう。

その少女は突然あらわれた。日付は正確にはわからないが、一九五二年のある学期末のことだった。コロンビア大学での大拙の講義をずっと聴講していた日系の少女が、演台のところへやって来て質問をした。一五歳の岡村美穂子である。美穂子の両親は日本人で、父親の岡村方雄《まさお》はブルックリン植物園で日本庭園を担当していた。美穂子はアメリカ生まれで、物心が付いてから日本をみたことがなかった。彼女の質問は、世のなかの宗教は究極的にはおなじことをいっているのではないか、というものだった。大拙は美穂子を大学近くのアパートでの、三時のお茶に誘った。

それから美穂子は、大拙のアパートをたびたび訪ねるようになった。生きることの意味などを大拙に問いながら、原稿をタイプし、大拙のために料理を用意した（『鈴木大拙とは誰か』）。まるで押しかけ女房のようだった。

一九五三年一月二〇日に大拙が林田久美野に出した手紙は、とても印象的だ。ニューヨークでの単身生活に、少し弱音を吐いているのだ。

近頃は出来るだけ、内でたべる、外へ出ても、ひとりでは、何だか物足りぬ、それから、大抵は同じものをたべるので、いやになる、自分で炊事すると妙なことが、時々ある、年とってからは、旅は、らくなものでない、何の因果かと思うこともあるが、しかし、やらねばならぬと思えば、何でもない、誰かそばに居るに、それにこしたことはないが、それには、又一人の費用がかかる、当分これで行くことだろう

できればだれかにそばにいてほしいのだと、大拙は久美野に心情を伝えている。「大拙日記」と

読み合わせると、これは伏線だとわかる。

「大拙日記」をずっとみていると、この一九五三年一月二〇日を境にその雰囲気が変わる。この日から、ほぼ毎日のように美穂子のことが日記に綴られるようになるのだ。大拙の文章もやや華やいでくる。たとえばこんな風に。

一九五三年二月一七日　お昼頃、美穂子が来た。わしらの為に昼食を用意してくれた。確かに、若い娘がここに居ると、がらりと雰囲気が変わる。沢山の事を話した。これからもいつもやって来て、手紙や論文をタイプしてわしを助けてくれるだろう。

三月二日　梵鐘の事、特に円覚寺の事を話すと、美穂子は興奮して、仏教と関係する日本の生活への深い憧れを見せた。そうだ、もし出来るなら、来年、美穂子はわしと共に日本へ行くかも知れぬ。

三月二七日　講義の後、美穂子は（日本食の）ディナーを作ってくれ、共にそれを楽しんだ。美穂子はおしゃべりな雰囲気になり、彼女自身の事を沢山話した――彼女の内面、知識の欠如、思慮の浅い心の事など。此処には多分、学問的な心は無い。彼女は自分自身に正直になりたいのだ。

四月二八日　美穂子はいつものようにタイプし、昼食を用意する。彼女は色々な意味で助けになる。今彼女を得て良かった。（著者訳）

六五歳離れた学者と秘書役の少女だと知っていなければ、まったく違った読み方さえできてしまうような日記だ。ふたりは表向きの関係を越えて、深いレベルで魂を通わせ合っていたのだろう。美穂子はその後、大拙の学究を最期まで近くで支えつづける。大拙が魅力ある男性でなければ、美穂子のような聡明な女性が一〇代後半から二〇代の人生をすべて捧げるほど、献身的に仕えたりはしなかったはずだ。

著述家の飯沼信子（一九三二―二〇一八）は、美穂子にインタビューしたときのエピソードを書いている。

父とも慕い、師とも尊敬する美穂子さんの純粋なる傾倒を大拙はどのように受け止めたのであろうか。

美穂子さんが「素敵な男性でした」と私と別れる時の言葉に私は思わず「そうでしょう」と胸の中で言った。

「素敵な先生でした」ではなく「素敵な男性でした」と言われたことに納得した。（飯沼信子『野口英世とメリー・ダージス』）

おなじ女性だからこその鋭さといおうか、美穂子の選んだ「男性」という単語ひとつに意味を読み取った飯沼は、みごとだと思う。

老学者の傍に美しく若い秘書がいつもいるとなると、世間は好奇の目を向けるものだ。美穂子は秘書になりたての頃、大拙との関係を周りから詮索された。それに耐えきれず大拙に相談したところ、「そうだなあ。あんたは女で、わしは男だ」「それがどうしたかな」と、超然としていたという（「朝日新聞」一九九七年六月二七日）。

美穂子は大拙とのスキンシップの思い出を隠さない。大拙が手を取って「きれいな手ではないか。よく見てごらん。仏の手だぞ」（西谷啓治編『回想　鈴木大拙』）といってくれたこと、美穂子の若い額を撫でながら「このへんにだんだん皺《しわ》ができると面白いだろう。それまで生きていて見たいもんだ」（『人と思想』）とからかわれたことなどを回想している。世間は、師弟関係には納まりきらないものを、そこに感じてしまう。しかし、きっと常人には計り知れない、世俗を超越したつながりが、この「年の差師弟」にはあったのだろう。

美穂子は毎日、大拙の家で手伝った。一九五三年六月から九月にかけての大拙の欧州歴訪にも付いて行った。大拙は一九五四年一月に、岡村家の住むアパートに引っ越した。同年九月にはじめて美穂子を伴って一時帰国する直前に、大拙は林田久美野にこんな手紙を書き送っている。

伴に岡村のむすめが来る、二世で利巧な、よくわけのわかり、役に立つ、手紙かいたり、タイプ打ったりする、女の子で多少面倒な事もあるが、日本を知りたがって居るので、出来るだけ見物

させたい

とつぜん若い娘とともにあらわれて、久美野を驚かせないようにという、大拙の配慮だろう。大拙のこういうところは、人間くさい。

このとき、真理子の娘・麻耶は三歳になっていた。自分に父親がいないことを知りはじめた麻耶に、パパはお仕事でアメリカへ行っていると、真理子は伝えていた。アメリカから戻った大拙をみた麻耶は、何であんなおじいさんと結婚したのだといい、真理子を困らせた（池真理子関係者談）。嫁と孫のことを思った大拙が父親役を引き受けてくれたのだと、麻耶は聞いている。

この一時帰国は四ヶ月ほどで、翌一九五五年一月にはふたたびアメリカに戻り、コロンビア大学での講義をつづけた。美穂子という有能な秘書を得て大拙の仕事は大いにはかどり、アメリカでのその名声は確実に高まっていった。

サンフランシスコ・ルネサンス

ケルアックとギンズバーグは、一九五四年までにはカリフォルニアに移住していた。保守的な東部と違って、そこには彼らが求める自由な何かがあった。その地でふたりはスナイダーと知り合う。こうして、のちに「サンフランシスコ・ルネサンス」と称される文学グループの、中心メンバーがそろった。ケルアックは仏教の勉強に熱を入れ、一九五三年には独自の研究をまとめた*Some of the Dharma*（『ダルマについて』）の執筆をはじめていた。ケルアックもギンズバーグもブライスが紹介した俳句を学んだ。スナイダーはカリフォルニア大学バークレー校でアジアの言語・文化を学びながら、シエラ・ネバダ山脈で野生児のような生活もしていた。そして一九五六年五月には、ルース・フラー・ササキからの経済的な支援を得て、京都で禅を修行するために旅立った。

その間の一九五五年一〇月七日、サンフランシスコのシックス・ギャラリーで、サンフランシスコ・ルネッサンスを彩る作家・詩人たちによる朗読会が開かれ、ギンズバーグはカール・ソロモンに捧げる「吠える」を読んだ。ギンズバーグの声は、新しいアメリカ文化の産声になった。

『吠える』は翌年八月にサンフランシスコのシティ・ライツ書店から出版された。そして、九月二日の「ニューヨーク・タイムズ」に詩人のリチャード・エバーハート（一九〇四—二〇〇五）による「西海岸のリズム」という記事が載る。そのなかでエバーハートは『吠える』を絶賛し、「それは、精神を破壊する機械化された文明に向かって吠えているのだ」（著者訳）と書いた。しかし、一九五七年五月にアメリカの税関は、イギリスで印刷され輸入された『吠える』の詩集をわいせつ物として押収した。サンフランシスコ市警察は、わいせつ物を頒布した罪で輸入元のシティ・ライツ書店の経営者を逮捕した。こうして、わいせつ性の基準や表現の自由、出版検閲をめぐって争われた「『吠える』裁判」がはじまった。その判決は翌年の一〇月に出るのだが、アメリカで大拙がブレイクしたのはこの頃だった。

大拙、ブレイクする

はじまりは、女性誌「ヴォーグ」一九五七年一月一五日号の「世間のうわさ」（People are talking

about）というコーナーの小さな記事だった。

世間のうわさ……コロンビア大学の教室で、禅仏教の偉大な教師・鈴木大拙博士は山のような本のなかに座り、儀式的なエレガンスとともに眼鏡を上下させながら、哲学的な抽象と親しみやすい具体例を取り混ぜて語る。「1の発見は偉大な達成だが、0の発見は偉大な跳躍である。」またあるときには、「隠された目的を仕事からなくせば、あなたは自由になれる。」（著者訳）

いうまでもなく、「ヴォーグ」は時代の最先端を行く女性のための、ファッションとライフスタイルの雑誌として、すでに有名だった。小さな記事だとはいえ、大拙は「ヴォーグ」のエディターの関心をも引くものになっていた。

それから二週間ばかりして、こんどは週刊誌の「タイム」に禅の記事が出る。一九五七年二月四日号から紹介する。

紀元前四八三年に開祖が亡くなってから数世紀のあいだ、仏教はキリスト教の西洋に直接的な影響をほとんど及ぼして来なかった。しかしながら今日、仏教のちょっとしたブームが合衆国で起こっている。禅と呼ばれる日本の仏教に興味を持つ知識人が、流行を追うひとにもまじめな学徒にも増えているのだ。

……「ヴォーグ」の最新号は、世間のうわさを読者にこっそり教えている。「コロンビア大学の教室で、禅仏教の偉大な教師・鈴木大拙博士は山のような本のなかに座り、儀式的なエレガンスとともに眼鏡を上下させながら、哲学的抽象と親しみやすい具体例を取り混ぜて語る。」

……コロンビア大学の八七歳の鈴木博士による毎週の講義は、詰めかけたまじめな学生とカルト偵察員を魅了する。鈴木博士はアメリカでもっとも尊敬されている宗教指導者のひとりである。彼のクラスは、［コロンビアでの］戦後の授業のなかでも、幅広い大勢の学生を集めている。画家と心理療法家がとくに禅に関心を持っているようだと彼はみている。鈴木博士は翼のような眉の下の小さな目を輝かせてこういう。心理療法家は禅から学ぶことがたくさんある。「彼らはマインドの表面を止まることなく周りつづける。しかし禅はそこに深く入って行く。」鈴木がいうには、西洋人にとって禅の困難さは、物事を二分法で考える癖にある——これかそれか、主観か客観か、肯定か否定かといった具合に。禅はふたつではなく、ひとつのことをみる。鈴木博士はいう。「西洋人は物事を分析するが、東洋ではひとつの物事の全体を、心だけでなく全身でみる。」（著者訳）

「ヴォーグ」の小さな記事から「世間のうわさ」が広がっていくさまがわかる。「タイム」の影響力は大きく、記事をきっかけに大拙のもとにはさまざまな依頼が舞い込むようになる。その様子を大拙は、正伝庵を守っている弟子の古田紹欽に書き送っている。三月一八日の手紙にこうある。

近著その中送るべし、昨日始めて発売し出したのだが、先頃のタイムで評判になったので、講演

34

P R O F I L E S

GREAT SIMPLICITY

Dr. Daisetz Teitaro Suzuki

ON Friday afternoons, in a lecture room in the northwest corner of Philosophy Hall, at Columbia University, a small, wiry, and very aged Japanese named Dr. Daisetz Teitaro Suzuki regularly unwraps a shawlful of books in various ancient Oriental languages and, as he lovingly fingers and rubs them, delivers a lecture in an all but inaudible voice to a rapt and rather unusual-looking group of graduate students. On one wall of the room is a framed photograph of the American philosopher John Dewey, who, peering over his spectacles, appears to be viewing the scene with some misgivings, as well he might. For Dr. Suzuki is the world's leading authority on Zen Buddhism—a subject of considerable mystery to the relatively few people in this country who have heard of it at all, and a philosophy (if it can properly be called a philosophy) of extremely anti-philosophical, or at least methodically irrational, character to the even fewer people who have studied it. Dr. Suzuki, however, does not look anywhere near as worried as Mr. Dewey. Despite his great antiquity—he is eighty-seven—he has the slim, restless figure of a man a quarter of his age. He is clean-shaven, his hair is closely clipped, and he is almost invariably dressed in the neat American sports jacket and slacks that might be worn by any Columbia undergraduate. The only thing about him that suggests philosophical grandeur is a pair of ferocious eyebrows, which project from his forehead like the eyebrows of the angry demons who guard the entrances of Buddhist temples in Japan. These striking ornaments give him an added air of authority, perhaps, but the addition is unnecessary. Dr. Suzuki is obviously a man who thought everything out long ago and has reached a state of certainty. The certainty, it appears, is so profound that it needs no emphasis, for it is expressed in quiet, cheerful phrases (marked here and there by the usual Japanese difficulty with the letter "l") and punctuated by smiles and absent-minded rubbings of his forehead. Now and then, he bounces up from his desk to make his certainties even more certain by drawing diagrams on a nearby blackboard, or chalking characters in Chinese or Sanskrit. To the uninitiated, these characters, and the talk that accompanies them, are likely to be enigmatic indeed. "So, as you see," he said at the conclusion of a recent lecture on the ancient Kegon Sutra, one of the great metaphysical documents of Mahayana Buddhism, "at this point, zero equals infinity and infinity equals zero. The result is emptiness." With that, Dr. Suzuki carefully wrapped his books in his shawl again and took his departure, leaning gently on the arm of his secretary and constant companion, a very pretty and very young Japanese-American girl named Mihoko Okamura.

Dr. Suzuki's lectures by no means explore all the ramifications of the mystical doctrine that he concerns himself with, nor do his tireless writings, which in English alone have filled a score of volumes with remarkably lucid prose. Dr. Suzuki is, in fact, merely the most celebrated and most eloquent international commentator on a branch of Buddhist thought that is followed, in a popular form, by millions of laymen in Japan (where it has more adherents than any other Buddhist sect except the Shin-shu, or Pure Land, branch of Japanese Buddhism), and, in a more advanced form, is practiced with rigorous austerity by thousands of monks and acolytes in various secluded Japanese monasteries. Moreover, Zen has recently been spreading, in a modest way, through the United States and Europe, where it has attracted the attention of artists, philosophers, and psychologists, in particular, and is enjoying the status of what some might call an intellectual fad but what many serious thinkers regard as a religious—or, at any rate, cultural—movement of considerable importance. Dr. Suzuki has himself been responsible for a good deal of this Occidental interest in Zen, and those who have given his ideas more than passing notice have included, besides the usual array of specialized scholars and addicts of the occult, a rather imposing list of well-known figures, among them Arnold Toynbee, Aldous Huxley, Martin Heidegger, C. G. Jung, and Karen Horney. American writers and musicians, ranging from J. D. Salinger to the composer John Cage and the jazz trumpeter Dizzy Gillespie, have at one time or another come under the influence of Zen, and on a different, purely religious level it has invaded both New York and Los Angeles, where small, dedicated groups of individuals are busy practicing its rites.

In New York, the center of these activities is a Japanese temple that occupies the top floor of a brownstone building, known as the First Zen Institute of America, on Waverly Place. Though the First Zen Institute at present lacks an accredited Zen master to conduct its meditations (the Institute's founder, a Japanese Zen monk named Sokei-an, died a few years ago), its disciples, about twenty-five in number, do their best to keep up the prescribed rituals of the order while awaiting the arrival of a new master, who is expected to come from Japan as soon as he learns English, and who, in the words of the Institute's secretary, Mrs. Nicholas Farkas, has a "sufficiently irascible" personality to get the group's discipline back into proper shape. Mrs. Farkas is not joking. The disciplines that the First Zen Institute hopes to resume are modelled on those of the Japanese Zen monasteries, and though they may strike the innocent observer as somewhat bizarre, there is no doubt about their severity. They involve very little in the way of verbal communication. Books—even Dr. Suzuki's books—are forbidden, since logic and rationality are regarded by orthodox Zen students not only as frivolous but as a positive bar to the perception of truth. The Zen student meditates in silence, facing a wall (the word "Zen" derives from the Japanese "*zazen*," meaning to sit and meditate), or occupies himself with humble and useful household tasks,

図5　「ニューヨーカー」1957年８月31日号の「横顔」欄

の申込やら手紙やらで閉口だ、今度また紐育《ニューヨーク》の雑誌で何か、かくかも、知れぬ、流行禅になるようだ

大拙がいった「紐育の雑誌」とは「ニューヨーカー」のことだった。八月三一日号の同誌の「横顔」欄には、大拙を詳しく紹介する記事が、眉毛のそそり立った似顔絵入りで一五頁にわたって掲載された（図5）。書いたのは音楽評論家でバイオリニストでもあったウィンスロップ・サージェント（一九〇三―一九八六）だ。一般誌でこれほど本格的に大拙のことを書いたものはほかにないので、やや長めに紹介しておこう。

金曜日の午後、コロンビア大学・哲学ホールの北西角の講義室で、小柄な、線の細い、そしてとても年配の鈴木大拙貞太郎という日本人が、さまざまな古代東洋語の本でいっぱいになった風呂敷をいつものようにほどき、それらを愛おしむように触って撫で、うっとりとした、やや普通でない風体の大学院生のグループに向かって、ほとんど聞き取れない声で講義をする。……彼はきれいにひげをそり、髪はきっちりと刈られ、ほとんどいつも、コロンビアの学部生が着ているような、さっぱりとした米国式スポーツ・ジャケットとスラックスを着ている。彼の哲学的な偉大さを暗示する唯一のことは、一対の恐ろしい眉だけである。それは彼の額から突き出ていて、日本の仏教寺院の入口を守っている怒れる悪魔の眉のようである。……「さて、おわかりのように」大乗仏教の偉大な形而上学的文書のひとつである古代華厳経についての最近の講義の結論と

して彼はいった。「この点において、ゼロは無限と等しく無限はゼロと等しい。その結果が空《くう》である。」こういって鈴木博士は再び本を風呂敷で注意深く包み、彼の秘書でいつも行動を共にしている、とてもかわいくて、とても若い岡村美穂子という名の日系人女性の腕にそっと寄り掛かって教室を後にする。（著者訳）

同記事によると禅は最近、アメリカとヨーロッパに静かに広がっていて、とくに芸術家や哲学者、心理学者の注意を引き、知的流行といえるような状況になっているという。さらにニューヨークにある第一禅堂の指導者（曹溪庵）が数年前に亡くなり、現在は指導者を欠いていること、第一禅堂では、言語によるコミュニケーションは控えられていて、大拙の本さえも読むことを禁じられていると述べている。

サージェントは公案とは何かに筆を進める。禅の教えは論理を超えることだが、大拙の興味は禅の論理的な説明をするという、どちらかというと正当ではない方向に向かったと、記事の書きぶりは手厳しい。

彼がこの主題について多くの本を書いたという事実は、厳格な禅の修行者たる資格が彼にないことを示すにじゅうぶんである。というのも、正統派にとっては書かれた言葉は多かれ少なかれタブーであるからだ。鈴木博士の禅へのアプローチは、実際のところ、真の禅の修行者よりも西洋哲学者のそれにより近い。……鈴木博士は哲学的思索への彼自身の勤勉な企てについて、彼の著

作を「わたしの罪」と表現して、たびたび卑下している。(著者訳)

記事は岡村家での大拙の生活、仏教と禅の歴史とその教え、禅が中国人と日本人の生活と芸術に影響を与えたこと、そして大拙の半生を紹介する。そして「ひとりの人間として、彼は東洋の老賢人に備わった一般的な魅力だけでなく、特別な静けさをも放っていて、それが彼をして、彼の説く教義の生ける偉大な模範たらしめている」(著者訳)とつづける。

大拙はこの「ニューヨーカー」の記事が気に入ったようだ。九月六日には正伝庵の古田に、近況報告代わりに雑誌を一部送っているのだ。それに添えられた手紙には、こうある。

禅は当地で一種の流行のようになった、本当のものは、これからだろうが、とに角、何かで評判だ、『ニュー・ヨーク人』と云う週刊雑誌にわしの横面記《ヨコガホ》が掲載してあるから一部送る、これで小生の近況がわかると信ずる、此春から、せっせと材料をあつめて居た、サージェントと云う記者だ、一種の娯楽雑誌のようだが、真面目なものが、一つ位は必ずある、横顔欄がその特色の一つらしい

記者のサージェントは、春から材料を集めていたということは、「ヴォーグ」や「タイム」を読んでこの記事の取材をはじめたのだとみられる。大拙の年譜をみても、「ヴォーグ」「タイム」の発売後の一九五七年三月一二日に、「ニューヨーカー」の記者が来訪したとある(『鈴木大拙研究基礎

資料』)。「ヴォーグ」の「世間のうわさ」から引かれはじめた線がつながっている。

『オン・ザ・ロード』

「ニューヨーカー」の記事掲載直後の一九五七年九月五日に、ケルアックの『オン・ザ・ロード』(『路上』)が出版された。ビート文学の最高峰とされる作品だ。一九四七年から五〇年にかけてケルアックが実際に行った旅のことを書いたもので、すべての登場人物に実在のモデルがいる。主人公はケルアック自身で、ギンズバーグやバロウズとみられるキャラクターも登場する。

原稿はタイプ用紙を貼り合わせて三六・五メートルの長さにした巻物の形をしている。ケルアックは一九五一年四月に、三週間で文章を一気にタイプしたという。そういう伝説の信ぴょう性はともかく、そのスピード感あふれる文体は、アメリカの若者の心をつかんだ。「ニューヨーク・タイムズ」は、『オン・ザ・ロード』出版から三日後に書評を掲げた。

信じることが不可能な状況の中で、しかも、まがいものでない言葉による象徴表現が不可能な状況の中で、なおかつ信じることが必要であること……『路上』には、息を呑むほど美しい文章がいくつもある。……この作品中のジャズについての文章は、その洞察、文体、技巧いずれの点においても、他のアメリカ小説に類をみないものである。『路上』は第一級の小説である。(阿見明子訳、『ビート読本』)

最大級の高評だった。これを書いたのは、同紙記者のギルバート・ミルスタイン（一九一六頃―一九九九）だった。『オン・ザ・ロード』はこのミルスタインによる書評とともに世に出た。本はたちまちベストセラーになったが、同時に保守層からの反撃もはじまる。三日後の九月八日にはおなじ「ニューヨーク・タイムズ」が、「『オン・ザ・ロード』は見事な成果である。しかし、この主人公たちに関する限り、その路はどこにも通じていない。そしてこの小説家には、二度目の旅に出る能力もない」（著者訳）という別の書評を載せる。また「アトランティック・マンスリー」の一〇月号は、「この本にはがっかりだ。なぜなら、真に重要で一般性を持つ啓示や結論を、この本は常に期待させながら、そのような結論を何も出せていないからだ」（著者訳）と評している。

『オン・ザ・ロード』が論争を呼ぶなか、ギンズバーグの『吠える』の出版をめぐる裁判の判決が、一九五七年一〇月三〇日にサンフランシスコの裁判所で下される。『吠える』はわいせつ物にはあたらないと認定され、関係者は全員無罪になる。この保守対ビートの法廷闘争は、ビート側の完全勝利に終わった。

だがビート世代に対する攻撃は、それで止むことはなかった。左派のオピニオン誌「ネイションン」の一九五七年一一月一六日号の書評「ヒップ・クール・ビートそして狂気」で、小説家のハーバート・ゴールド（一九二四―　）は、「ジャック・ケルアックの本は、小説という芸術の創造というよりは、病気の証明」だと書いた。

ことばとジェスチャーのスピード・レースであるにもかかわらず、『オン・ザ・ロード』は何もせず、何も考えず、何の役割もはたさず、しかしそれでもやはり一冊の本であろうとする……彼らは静かに立っているために時速一一〇マイルで走る。これは狂気の本であり、それゆえにジャック・ケルアックへの望みがある。偽ヒップスターよ、これ以上走るな。メタ・ヒップスターよ、大きな声で叫ぶな。ヒップスターよ、家に帰れ。(著者訳)

書評というよりも、かなり抑圧的な文章だ。このように、ビート文学に対する若者の圧倒的な支持、それに対する「大人」たちからの抑圧という文脈のなかで、ビート世代に影響を与えた禅は、「大人」たちのあいだにも肯定的に受け止められていった。ビートと禅のそういう複雑なからみあいを、もう少し解きほぐしてみよう。

アメリカのダルマ・イヤー

ビート世代が話題になっていた一九五七年末から五八年にかけて、アメリカの各種の雑誌で禅の特集が組まれていった。たとえば、代表的な批評誌の「サタデー・レビュー」の一九五七年一一月一六日号には、「内なる真実の探求」と題して、「いまこの国で広く議論されている哲学的な生き方、禅仏教とは何か?」(著者訳)という記事が掲載されている。こういった動きを感じ取ったケルアックは、一九五八年一月七日のフィリップ・ウェーレンへの手紙に「一九五八年はアメリカのダルマ・イヤーになるよ」(著者訳、Charters, Ann. (ed.) *Jack Kerouac Selected Letters*)と予言している。

この時期の一般向け雑誌のなかでは、女性ファッション誌の「マドモアゼル」一九五八年一月号が「禅とは何か?」という大きな特集を組んでいる。「ヴォーグ」につづいて女性誌による紹介だが、「マドモアゼル」のこの特集は、「ヴォーグ」の短文とは比較にならないほど分量が多く充実している。特集記事はこんな書き出しになっている。

ひとりの若いニューヨーカーが、彼女が行ったカクテル・パーティーのことを友人に語る。そこでの会話が普通じゃなく刺激的で、「魅惑的」ですらあったと。彼女がいうには、そこにいたすべてのひとが「禅について話していた。」(著者訳)

記事の著者は、小説家・批評家のナンシー・ウィルソン・ロス(一九〇一―一九八六)だった。ロスも早くから禅仏教に関心を寄せていたひとで、一九六〇年に *The World of Zen*(『禅の世界』)というアンソロジーを編集したことでも知られている。

ロスの記事は、ケルアックとギンズバーグが禅の影響を受けていること、マーク・トービーの「白描」と禅の関係、公案、悟り、禅の歴史などを書いている。ロスは一九三〇年代にシアトルに住んでいて、そこで禅と絵画について講演もしていたので、あるいは同時期にシアトルにいたトビーと交流があったのかもしれない。そして奈良県・中宮寺の菩薩半跏像の写真を大きく掲げ、この写真がD・T・スズキ博士のニューヨークの私室の壁に掛けられていると説明している。

ロスが遺した原稿や手紙類は、ほとんどすべてテキサス大学オースチン校に保存されている(以後、「ロス文書」)。そのなかに、「マドモアゼル」編集部内の企画メモがあり、禅特集を組む意図が書かれてある。それによると、「いまや「禅」は、気楽にそう呼ばれているように、カクテル・パーティーでいちばん人気のある話題になっている」(著者訳)という。ここから、ロスの記事の冒頭は、この企画メモを借用したものだとわかる。カクテル・パーティーのエピソードから書きはじめてはどうかと、編集者がロスに助言する手紙もある。女性誌編集者のアンテナに、禅は確実に引っかかる話題だったことが、これらのメモで裏付けられる。あるいはロスの側から「マドモアゼル」に企画を売り込んだのだろうか? その仮説は、「ロス文書」を読めば否定できる。なぜならば、ロスから「マドモアゼル」の編集者に送った手紙のなかに、企画メモの筆記者のイニシャルがだれなのか、そしてその内容の不明点を問い正したものがあるからだ。ロスが自分で売り込んだ企画ならば、メモの筆記者や内容などを聞いたりはしないだろう。

特集の著者に彼女が選ばれた経緯は、「ロス文書」からはわからない。しかし一九五三年にロスは東洋の宗教についての記事を「マドモアゼル」に寄稿していて、編集者はその方面でのロスの筆力を認めていたとみられる。また、ロスは一九五二年までには大拙とコンタクトを持っていた。大拙から所望されて、「マドモアゼル」の記事の別刷りを出版から九ヶ月後に送ったりもしている。大拙は「ニューヨーカー」と並んで、この記事も憎からず思っていたのかもしれない。

一方で、一九五八年はじめのアメリカの大衆にとって、ビート世代はどういう存在になっていたのだろうか? それは、「プレイ・ボーイ」誌の二月号の記事「ビートの神秘的な雰囲気」から読み取ることができる。

ビート世代という語は、怒れる反逆的な若者の特徴をつかんだ適切な造語である。それに属するケルアックのような作家が、出版界に見出されている。だがビートは全国的な現象であり、年齢のバリアなどない——経済的な、社会的地位のバリアも。ヤク中毒の不感症の女から、自分が不道徳だったらと物憂げに願う童顔の模倣者まで、ビート的な態度はわたしたちの社会のあらゆる階層に浸透している。（著者訳）

こういった評価に対して、ビートを完全に否定する論調も英語圏で広がっていた。イギリスのBBCが出していた雑誌「リスナー」の一九五八年七月三日号に掲載された「曲がり角のない路」という記事などは、その好例だろう。

ようするに、わたしはビート世代に偉大な未来を見出さない。彼らの空虚な生気論、バランスのとれた人間の知性への嫌悪は、従来の書き手の一部に短期的で有用なショックを与えるだろう。……しかし、ビートには何の主張もなく、何かへの抗議もない。彼らの書き物は、そこら辺の書き殴られた張り紙のようなものだ。しばらくは注意を引くが、すぐに風がそれを吹き飛ばす。（著者訳）

賛否両論を巻き起こしながら、ビート世代は一九五七—八年のアメリカ大衆文化の基調になった。禅はそれと絡み合いながらアメリカ文化に根を下ろしていったことを、再確認しておきたい。

「シカゴ・レビュー」禅特集の文脈

一九五八年は、シカゴ大学の学生が中心になって出していた文芸誌「シカゴ・レビュー」が夏号で禅特集を組んだ年でもある。その目次をみるだけでも、禅とビートのもつれ合いがわかる。

アラン・ワッツ「ビート禅、スクエア禅、そして禅」
鈴木大拙「臨済の禅」
ジャック・ケルアック「森のなかの瞑想」(『ザ・ダルマ・バムズ』からの抜粋)
久松真一「禅と種々の芸」
フィリップ・ウェーレン「抜粋・サワドウ山の眺望」
ルース・フェラー・ササキ「夾山《かっさん》の伝法」
千崎如幻「メンターガルテンでの対話」
ゲーリー・スナイダー「相国寺での春の接心」
ハロルド・E・マッカーシー「鈴木の禅における自然と不自然」
近藤章久「心理療法における禅　座禅の効用」
ポール・ウィンパル「禅とウィトゲンシュタインの仕事」

「シカゴ・レビュー」は、これに先立つ春号でサンフランシスコ特集を出していて、ケルアックやギンズバーグらの詩、未刊行だったバロウズの『裸のランチ』の一部などを載せている。「シカゴ・レビュー」の編集者も、禅とビートをひとつの文脈でとらえていた。

これらの論文のなかでも、ワッツの「ビート禅、スクエア禅、そして禅」は、研究者によく引用されている。「スクエア」とは古臭い、時代遅れの、お堅いといった意味だ。ワッツはアメリカで流行の「ビート禅」は、日本に伝わる「スクエア禅」とは違うといっている。しかしワッツは「ビート禅」を決して否定はせず、それらはともに悟りに到達しうるもので、どちらを選ぶかは自由だという。この特集の意図にふさわしい巻頭論文になっている。

「シカゴ・レビュー」の禅特集は、「タイム」の七月二一日号に「禅：ビートとスクエア」という紹介記事が掲載されるなど、評判のよいものになった。大拙も雑誌「帰一」の一九六〇年三月号に載った対談のなかで、「「シカゴ・レビュー」（一九五八年夏季号）にも beat の連中のが出ておる。これはシカゴ大学の、大学院くらいにおる連中だろうが、その学生がやっている雑誌だけれども、堂々としたものだ。ある一部ではよく知られておる」（古田紹欽編『鈴木大拙坐談集 第五巻』）と、特集のことを褒めている。

しかし、「シカゴ・レビュー」の禅特集号につづく一九五八年秋号は、アメリカで流行の禅の文脈をさらけ出すものになった。同号に掲載されたバロウズの『裸のランチ』の抜粋が、保守層の猛攻撃を受けたのだ。地元紙「シカゴ・デイリー・ニューズ」の一〇月二五日号は、一面にこんな論評を載せた。

シカゴ大学出版のある雑誌が、公衆に広がったものとしては、わたしがかつてみたことがないような、印刷された汚物の最悪のコレクションの一種を頒布している。

興味本位でそれを買わないことを、わたしは勧める。なぜなら、その書き物はビートでない世代にとってはわけのわからないものであり、その装飾過剰な文章は、まさに便所の落書きにみるものだからだ。

わたしがその雑誌の名前をあかさないのは、それが売り切れてしまうことの責任を負わされたくないからだ。

……もしわいせつな雑誌が文学的な表現として公衆の面前で朗読されるのなら、その朗読者は逮捕され、わいせつ罪に問われるだろうというのが、わたしの意見だ。（著者訳）

こういった世論を受けて、シカゴ大学当局は「シカゴ・レビュー」の編集に介入し、次号の企画を白紙にするよう命じた。編集長は辞任して別の雑誌を立ち上げて「シカゴ・レビュー」で中止させられたビート文学の紹介をそのまま実行する。アメリカで禅に魅せられた若者たちは、その一方でこんな闘いをしていたのだ。

『ザ・ダルマ・バムズ』

賛否両論を巻き起こしながらも、ケルアックは『オン・ザ・ロード』で大成功を収めた。その続編を望む読者や出版社は多かったことだろう。一九五八年一〇月にケルアックは、『ザ・ダルマ・バムズ』を出版する。『オン・ザ・ロード』のあとにケルアックが経験した日々を小説にしたもので、主人公のモデルはゲーリー・スナイダーだった。

シエラ・ネバダ山脈を歩きながら、ケルアックはスナイダーとともに禅への想像を膨らませていた。『ザ・ダルマ・バムズ』には、「リュックサック革命」というビジョンが描かれている。それは安寧の得られる場所に定住せず、常に身軽に移動しつづける生き方のことで、ケルアックがイメージした禅に彩られたものだった。

このケルアックの新作を絶賛する声は、あまりなかったようだ。しかし『オン・ザ・ロード』のときのような手厳しい批判には、相変わらず見舞われた。たとえば一九五八年一〇月六日の『タイム』の書評には、「この〔リュックサック革命という〕ビジョンは、自由と無責任を混同し、禅仏教が持つ善悪の不分性という理念を自己耽溺の言い訳に乱用する、著者のケルアックの無能を例証する手助けになっている」（著者訳）とある。

このように禅が西洋で「誤解」されはじめていることに、大拙は気付いていた。「ジャパン・クオータリー」の一九五八年一〇―一二月号に掲載された「現代世界のなかの禅」という論文で、大拙はこう書いている。

禅はいま、音楽、絵画、文学、意味論、宗教哲学、そして精神分析など、西洋文化のさまざまな分野で予期しなかった反応を巻き起こしている。しかし多くのケースでひどく不正確に伝えられ、あるいは誤解されているので、あまりにばかばかしい戯画化から禅が救われることを願いつつ、わたしはここで言語の許す限りできるだけ簡潔に、禅の狙いと現代世界での重要性を説明す

る。（著者訳）

出版の時期を考えると、この原稿を書いた時点で大拙は、『オン・ザ・ロード』よりもいっそう禅を強調した『ザ・ダルマ・バムズ』をまだ読んでいなかったはずだ。だが、たとえ読んでいたとしても、大拙のビート世代への評価は変わらなかっただろう。

いうまでもなく、大拙の批判はビート世代に向けられている。「彼らは人間として成長しなければならない」と大拙は論文中でいう。そのとき大拙の胸中には、ビート世代のようにボヘミアンなアランのことが去来していたことだろう。

一期一会の対話

そんななか、ケルアック、ギンズバーグ、そしておなじくビート作家のピーター・オロフスキー（一九三三—二〇一〇）と大拙が、一期一会の対面をする機会が訪れる。それはケルアックらが『ザ・ダルマ・バムズ』の出版記念パーティーに出席するために、ニューヨークに滞在していた一九五八年一〇月のことだった。ケルアックらは大拙が自分たちに興味を持っているとどこかから聞きつけるやいなや、すぐに電話ボックスから電話をして、岡村美穂子を介してその日のうちに大拙と面会する約束を、半ば強引に取り付ける。そのときの様子を、ケルアックが一九六〇年の「バークレー・ブッセイ」という雑誌に書いている。まずはそれを紹介しよう。

ぼくはミスター・スズキのドアのベルを鳴らしたけど、彼は出なかった――思い立ってぼくはベルをしっかりと、ゆっくりと、三回鳴らすことにしたら、彼はあらわれた。……ドクター・スズキはぼくたちに、すごく濃くてスープのような抹茶を点ててくれた――彼はぼくがどこに座るべきか、ぼくのふたりの友人がどこに座るべきか細かく指示し、椅子はすでに並べられてあった――彼はテーブルの向こう側に座り、静かに、うなずきながら、ぼくたちをみた――ぼくは大きな声でいった（なぜかっていうと、彼は少し耳が遠いとぼくたちにいったから）「如何なるか是祖師西来意「ダルマがインドから中国へ来た意味とは何か」」――彼は答えなかった――「わしがお茶を点てているあいだ、君たち若い三人はここに静かに坐ってハイクを詠みなさい」と彼はいった……彼はお茶のことを忘れないようにといった――ぼくたちが帰るとき、彼はぼくたちをドアから押し出すようにして、歩道に出るとぼくたちに向かってクスクスと笑いながら指さしていった「お茶のことを忘れないように！」ぼくはいった「ぼくは残りの人生をあなたとともに過ごしたい」――彼は指を立てていった「いつか」（著者訳）

まるで禅問答のような光景だが、少しばかりストーリーが整い過ぎている。この出来事から一年を過ぎた出版物に載ったものであることから、ここにはケルアックの脚色があるとみたほうがよい。物語の要点は五つあり、①大拙がお茶を出す、②ケルアックの「祖師西来意」の公案に大拙は答えない、③大拙はハイクを詠ませる、④帰り際に大拙はお茶のことを忘れるなという、⑤「あなたとともに過ごしたい」というケルアックに、大拙は指を立てて「いつか」という、の順序で起きている。とくに最後の指を立てる場面は、『無門関』の「倶胝竪指《ぐていじゅし》」の公案（どのような問答にも指を一本立てて応じる老師の話）を思わせる。

じつはこの出来事をケルアックは、友人のフィリップ・ウェーレンへの手紙にも書いている。手紙は面会の直後くらいにあたる一九五八年一一月のものなので、より実際に近いことが正直に記されてあるとみてよい。手紙の記述の一部を紹介し、比較してみよう。

ぼくが注意深くベルを三回鳴らしたら、彼は著名人らしい雰囲気で階段を降りてやって来て、八〇歳のひとりの小柄な禿げた日本人はドアを開けた。彼はぼくたちを上階の部屋に連れて行き、そこでみっつの特別な椅子を選んでぼくたちをそこへ座らせ、彼は本がうず高く積まれた机の向こう側の、ぼくたちと向かい合った椅子を選んだ。それからぼくは、「ブッダがことばを発しようとしたとき、馬が代わりにしゃべった」という、ぼくの公案を書いて彼にわたした。そうしたら彼はおかしな目をしてこういったんだ。「西洋人の心はあまりに複雑だ。結局はブッダと馬はそこである種の理解をしたのだ。」ぼくは君がこの公案にどう答えたか覚えていない。それから彼はいったんだ。「君たち若者は静かにここに坐ってハイクを書きなさい。そのあいだにわしは抹茶を点てて来よう。」……そしてアレンがそれ［抹茶］は海老のような味がするというと、「それは牛肉のような味がする」と彼は答え、それから「それがお茶だということを忘れないように」といった。……ぼくは彼のためにハイクを詠んだ。「三羽の小雀が屋根にいる、静かに、悲しく語っている」……ぼくは彼に「ぼくは残りの人生をあなたとともに過ごしたい」というと、彼は「いつか」といった。それから彼はぼくたちをドアの外へ押し出し……ぼくたちが通りに出たときに、彼はクスクスと笑いながら窓越しに合図を送って最後にいった。「お茶《ティー》のことを忘れないように！」ぼくが「鍵《キー》？」というと、彼は「お茶《ティー》だ」といった。（著者訳、*Jack Kerouac Selected Letters*）

先の文章とくらべて、より具体的に出来事が書かれてある。ここでのストーリーは、①ケルアックが自分の公案をぶつけ、大拙はそれに答える、②大拙はハイクを詠ませる、③大拙がお茶を出す、④「あなたとともに過ごしたい」というケルアックに大拙は「いつか」という、⑤帰り際に大拙は合図を送りながら、お茶のことを忘れるなという、といった流れになっている。一九五九年三月一九日の「ニューヨーク・ポスト」紙のインタビューでもケルアックは大拙との面会を語っているが、ストーリー展開はこれとおなじになっている。どうやら、前者の「バークレー・ブッセイ」にある、大拙が指を立てて「いつか」という⑤の場面は、後者の④と⑤を合成したケルアックの作り話のようだ。

ギンズバーグもこのときのことをインタビューで語っている。それによると大拙は、「手を振りながら」「お茶のことを忘れませぬよう」といったという（重松宗育訳、『現代詩手帖特集版　総特集アレン・ギンズバーグ』）。大拙は「指を立てて」たのではなく、たんに「手を振って」いたのだ。

どうやら、大拙がこのとき抹茶を点てたことは事実のようだ。では、大拙はケルアックやギンズバーグらに抹茶をふるまった理由は何だったのだろうか？　一九六〇年三月に出版された座談会のなかで、大拙はビート世代のことを語っている――彼らは伝統的なものに対して反逆しながら自由な創作をしていて、アメリカで評判になっていると。ケルアックらのことを決してほめてはいないが、アメリカの保守層のように辛辣な批判を投げかけているわけでもない。「指導したら、そこからほんとうに坐禅をやろうという者が出てきて、またおもしろい者が出てくるかもしれないのだね」（『鈴木大拙坐談集　第五巻』）と、アランのような彼らの無軌道ぶりを惜しむ発言すらしている。

そのおなじ座談会のなかで、大拙は禅語の「喫茶去《きっさこ》」を語っている。「喫茶去」とは、「お茶をおあがりなさい」のひとことで、問答の相手を悟りに導くものだ。ビート作家らとの面会のことを明に語っているわけではないのだが、文脈から判断するに、ケルアックらに抹茶を点てた記憶が、ビート世代を語っている大拙の頭のなかをよぎったのだと思える。

「喫茶去」というのでも、禅宗の人は、お茶を一ぱいおあがりということになるのだろうが、わしはここに禅宗の社会性を見たいのだね。よくアメリカに行っておると、いったい禅宗は社会的にどうなるのだ、ただ個人だけの悟りで済むのか、いろいろなことをいうのですね。そうじゃなくして、客がきたら、どう取り扱うか、客がくるということは、社会性の意味がはいっておるので、そこに慈悲のもとが出てくるのだからね。

大拙は抹茶を出すことによって、ケルアックらに社会性というものを語っていたのだ。禅は個人だけのことではない、客が来れば主人がどう対応するのか、それは社会的なことであると同時に禅的なことなのだ。社会になじめず反逆するのもよいが、人間は社会のなかで生かされているのだよと、大拙はいいたかったのだろう。

はたして仏教そのものが、どれほど社会的だったかということもまた、大拙はここで問うているのだと思う。葬式仏教と揶揄されるほどに、近世以後の仏教は社会の現実とのかかわりを軽んじてきた。近年、震災などを契機にして、仏教の社会参加が大学での研究やシンポジウムのテーマになるほど、それは浮き世離れしたものになっている。世間から遁世するのでもなく、かといって反逆するのでもない中庸を、大拙は求めている。だがそれは同時に、自分の立ち位置を社会のマジョリティーに置く大拙の意識をも露呈させている。

ケルアックらに向けた「喫茶去」には、彼らと似て無軌道なアランとの、積年の難しい関係が背景にあったとみるべきだろう。アランよりも六歳ほど若いケルアックに、大拙が自分の息子を重ね合わせたとしてもおかしくはない。しかし、そんな大拙の「親心」は、アランのときのようにケルアックにも届かなかった。大拙の差し出したお茶の意味が理解できなかったからこそ、さも深遠な禅問答を交わしたかのような脚色を、ケルアックは平気でできたのだろう。

ビートと禅の決別

アメリカの「ダルマ・イヤー」だった一九五八年は、「マドモアゼル」の禅特集にはじまり、「シカゴ・レビュー」の特集や『ザ・ダルマ・バムズ』の出版などの出来事を経て、ケルアックやギンズバーグらと大拙との「喫茶去」で終わった。いや、少なくともケルアックと仏教との関係は、永久に終わった。

大拙やルース・ササキなど、「正統な」禅の側が『ザ・ダルマ・バムズ』に批判的なことを、ケルアックは耳にしていた。主人公のモデルになったゲーリー・スナイダーは、禅を学ぶためにすでに日本で暮らしていたが、スナイダーもその本のことをよくは思わなかったようだ。一九五九年二月二三日のスナイダーへの手紙に、ケルアックはこんなことを書いている。

ダルマ・バムズが出てから君は何もいってこないし、ぼくにがっかりしているのだと感じている。その本は君が思うほどひどいとは、ぼくは思っていないよ……ササキ夫人が「それはゲーリーのよい紹介になっているけど、彼［ケルアック］は仏教のことを何も知らないわ」っていうのは、正統な仏教や最近のほかのすべての正統な宗教の悪いところの、クソったれな典型だよ……スズキですら、ぼくのことを怪物みたいなペテン師か何かみたいな風に、いぶかしげな目でみていた。

……ぼくは正統な禅や寺院とかかわりたくはないんだ。そこにはもう［唐時代の禅僧の］慧能みたいなひとはいないよ、絶対に。だけど、山に住んで思索し、俳句を詠んで、カワイイ女の子たちをはべらし、酒を飲むような老人にぜひ会ってみたいな。（著者訳、*Jack Kerouac Selected Letters*）

ケルアックの禅への思いは、潮が引くように冷めていった。三月一五日のウェーレンへの手紙には、もっとあられもなく「スズキなんてクソくらえ（fuck Suzuki）、ササキなんてクソくらえ、みんなクソくらえだ」とまで書いている。三月一九日の「ニューヨーク・ポスト」のインタビュー記事では、「ぼくは仏教を止めた。なぜかっていうと、女性との絡み合いを禁じているからさ」「仏教もまた口先だけさ。智慧には心なんてない」「ぼくにとって人生でいちばん大切なことは、セックスの恍惚さ」（著者訳）とケルアックは語っている。「ぼくは残りの人生をあなたとともに過ごしたい」と大拙にいってからおよそ五ヶ月後の、決別宣言だった。

「良識ある市民」からみたビート世代と禅の関係を知るには、一九六〇年二月六日の「サタデー・レビュー」に載った、つぎの文章が参考になる。

ビートの少年少女たちは声高に禅を唱えてきたけれども、禅の要求する規律を受け入れたものはいまだかつて一人としていない。彼等が何よりも忌み嫌うのが規律なのである。彼等が何をしたかというと、もともとやりたかった事を正当化する理由づけとして、禅の考え方の中から簡単に見つけられるものをさらってきただけのことだ。（木下哲夫訳、『ビート読本』）

禅修行のために大徳寺に住んだスナイダーのようなひともいるので、「禅の要求する規律を受け入れたものはいまだかつて一人としていない」は言い過ぎだろう。もっともその場合、スナイダーをビート世代に含めてしまってよいかという問題がある。ビート世代は自分たちのやりたかったことを、禅のなかからみつけたという論点は納得できる。

一方で、ビート側はどのような意識でいたのだろうか？　スナイダーは、「中央公論」一九六〇年一月号の論文「ビート・ジェネレーションに関するノート」に、このような冷静な分析を書いている。

彼［ケルアック］の小説『路上』が一九五七年に出版されたとき、「ビート」ということばが有名となり、アメリカは一夜にして自分たちの国民のあいだに、あらゆる既成のルールを破る作家や知識階級の一つの世代が生まれたことを知った。この新しい世代は教育を身につけてはいるが学究生活にはいることも、実務の世界にはいることも、政府の役人になることも拒否している。この世代は自分たちの書く詩をそれぞれ自分たちの小さな雑誌に発表し、これまで長い年月のあいだ前衛作品を独占して来た高踏的な既成の大雑誌に作品を送ってみようとさえ考えていない。

（中略）

これにたいする新聞や世間の反応はどうであっただろうか？――彼らは憤慨するか、或いは多少ねたみを感じるかした。アメリカにおいて国民の一部が――自由の名のもとに――いわゆる「アメリカの生活基準」及びそれに付随するすべてのものから何らの拘束を受けずに自ら関係を絶つということは、歴史はじまって以来はじめての出来事である。……しかもアメリカの左翼の知識階級も新聞の論説委員たちもこれを最悪の異端とみなし、両陣営は声をそろえてこれを「無責任」ときめつけて非難した。（中略）

或る意味においてビート・ジェネレーションとはそれ自体の共同体としての価値や、愛や、自由をひっさげて、これまでの歴史を貫いて絶えず動いて来た永遠の「第三勢力」のもう一つの別のあらわれと私たちは見ることができる。（古沢安二郎訳）

スナイダーはあきらかに、自分とビート世代とのあいだに線を引いている。日本まで行って正統な禅に近付いた自分は、やつらとは違うとしながらも、禅にインスパイアされたケルアックの風狂な精神を弁護もしている。

このように、ビート世代は大拙の影響下でアメリカ文化を確実に変えた。そして、大拙はビート世代にアランの生き様を重ねていたとみられる。アランという存在を抜きに、大拙のビート世代への態度を理解することはできない。

第6章　不肖の息子

その間のアラン

安定した地位にもひとつの家庭にも留まらず、絶えず動きつづけるケルアックのような人生——それはアランの人生でもあった。ビート世代が世に出た一九五五年から「ダルマ・イヤー」の一九五八年までのあいだの、大拙とアランの親子関係は、いったいどうなっていたのだろうか？　残念ながらこの頃にアランのほうが何をしていたのかが、よくわからない。翻訳をしたり、雑誌の編集をしたりといった、いわば自由業だったようだ。カメラ会社のヤシカの仕事をしていたこともわかっている。アランも写真が好きで、この点だけは大拙をしっかり受け継いでいた。

式場美香子と再婚することで、アランは妻の実家の財力を頼ったことだろう。ところが、一九五五年六月一八日の未明に、式場隆三郎が院長を務める式場病院が火事を出し、入院患者一八人が焼死する大惨事になってしまう。ちょうどこの時期に、アランはニューヨークを訪問して大拙と会おうとしていた。しかし、大拙の旅行と重なってしまって、親子の再会は実現しなかった。

アランは日米を股にかけて、何か事業を企てていたようだった。そこへ妻の実家が火災にみまわれ、資金繰りの当てが外れたのだろう。アランはまたもや、大拙に金の無心をする手紙を送ったようだ。それに対する七月二四日の返信が公開されている。

お前はアメリカに居る間に沢山の事をするようだが、どのくらい居るつもりか、そのうち一つでも出来たら良いほうだろう／小遣い（kozukai）はどのくらい要るのか、わしはそう沢山は持って居らぬので、そうはやれぬ、詳しい予定を知りたし／行き来の旅費をお前はもう払ったのだろうが、去年から日本の外務省は、アメリカで弗《ドル》の援助を得ることに厳しくなって居る、つまりお前のホテル代や他の出費は誰が払うのか、それをどうするつもりか、支援者は有るのか、もし有るのなら支援者の仕事、収入など必要な事を日本の政府に届けねばならぬ、……／わしの収入は、必要な認可を取るには少ない、年四千弗しかなく、許可を取るにははるかに足りず、人を援助出来るほどの貯金も無い（著者訳）

アランはどうやら新しい雑誌を立ち上げつつ、禅堂の生活を映画に撮ることを計画していたようだ。八月三一日のアランへの手紙で大拙は、禅堂の映画を撮ることは自分も考えたことがあるが、莫大な金がかかるだろうし、資金の提供者はいないだろうと書いている。「お前よりも先に試みた者は何人も居たが、これまで誰も成功しておらぬ、といってもお前のは実を結ばぬと云って居るのでは無い」（著者訳）と、アランの事業を応援する気持ちは、相変わらず持っていた。誠に親ばかというのだろうか。どれほど苦労をかけられても、大拙はアランのことを完全に見放してはいなかった。

一九五五年九月には、式場隆三郎を団長とする東京都医師会の面々が、奇蹟を起こすという「神霊教」を視察している。そのときの懇談会の司会を「哲学者・鈴木大拙禅師の子息・鈴木勝氏、速記者を同夫人がされました」（神霊教信者一同『神霊教入門』）という記録がある。「大拙の息子」という肩書きが、アランの看板になっていたことがわかる。その重さもまたアランにのしかかり、それがときに彼を酒に浸らせたことだろう。

作家の水上勉（一九一九―二〇〇四）は、一九五六年から翌年にかけて住んでいた文京区富坂二丁目の借家に、アラン・美香子夫妻も住んでいたと『私版東京図絵』（一九九九）に書いている。

義勝氏は、鈴木大拙先生のご長男。夫人は精神医学者で美術評論家でもあった式場隆三郎先生のご長女、美香子さん。……鈴木氏は日がなタイプを打ち、外国映画の吹き替え字幕をつくる仕事をしておられた。よく酒を飲む人だった。しょっちゅう私たちは部屋に招かれたものだ。

水上はアランの名前を「勝」ではなく「義勝」と誤っている。また、アランが作っていたのは外国映画の吹き替え字幕ではなく、日本映画の英語字幕もしくは吹き替え用英語台本だった可能性が高い。なぜならば、アランが和文タイプを所有し、それを使うための特殊な技術を持っていたとは考えにくいからだ。当時の和文タイプは、二千ほどの漢字が並んだ文字盤を操作するもので、専門的な技能者にしか使いこなせなかった。彼が得意だったのは英文タイプのほうだ。水上のこうしたアバウトさは、小説家の書く軽い読み物だからこそ許されることだろう。

当時、アランは嘱託で東宝の仕事をしていた。一九五〇年代は日本映画の黄金期だ。東宝には「七人の侍」(一九五四)や「ゴジラ」(一九五四)など、英語圏でよく知られた作品もある。あるいは日本映画の海外輸出に、アランは名を残さずに絶大な貢献をしていたのかもしれない。アランが具体的にどの映画の仕事をしたのか、残念ながらそれを知る術はみつからない。さらなる資料発掘が必要だ。

一九五六年九月にも、アランはニューヨークの大拙を何度か訪問している。そのときかどうかはっきりしないのだが、大拙の著作物の外国での権利を相続させてほしいと、アランは談判をしたようだ。ヨーロッパで大拙の人気を目の当たりにしてきた義父・式場隆三郎が、アランと美香子にそう助言したのだ。大拙はアランを叱った。本の印税は禅文化の研究のために使うという志を、大拙は持っていたからだ(池真理子関係者談)。アランのためにしてやれることは、じゅうぶんにしてきた。それなのにアランは派手な芸能界の周辺をうろつき、女性に子どもを産ませては捨ててきた。酒癖の悪さも相変わらずだった。八〇歳代半ばの父親としては、やるせなかっただろう。一九五六年八月四日の鈴木玲への手紙に、大拙のアランへの気持ちが集約されている。

アランのみは才能を持ちながら、酒で身を誤る、一事に専念することが出来ぬらしい、どこへ行っても、喧嘩で前途をあやまる、可惜《あたら》だ(著者注・惜しい、もったいないの意)

大拙の帰国

大拙は一九五八年のはじめには、日本に帰ることを考えていたようだ。林田久美野は一九五五年一月から、夫と二人の子どもたちとともに、松ヶ岡文庫の留守を預かるようになっていた（『大叔父』）。一月一九日の久美野への手紙には、死はいつ訪れるかもわからず、日本で調べたいことも会いたい友人もあるので、とにかく少しでも帰ってみようと決心したと書かれてある。そのときには美穂子を連れて帰らないと仕事や生活に不便を感じるだろう、美穂子はまだ若いから、日本のことをできるだけ学ばせたいとも書かれてある。

そして一九五八年一一月、大拙は美穂子を伴って帰国する。帰国後は仕事場を松ヶ岡文庫に集約した。美穂子の助けを得ながら、そこで研究の集大成をするつもりでいたのだろう。そのためには、研究を邪魔する訪問者をだれかに追い払ってもらわなければならない。かつておこのがやっていた役目を、今度は美穂子が担うことになった。

一九六〇年前後に、アランが何をしていたのかの記録は、ほとんどみつからない。ヤシカの仕事には、変わらずかかわっていたようだ。歌謡曲の作詞をつづけていた形跡はなく、何で生計を立てていたのかわからない。「東京ブギウギ」や「ボタンとリボン」などの大ヒット曲からの著作権収入は、それなりにあったはずだ。

この頃の大拙の手紙のなかに、一九六〇年七月二七日に避暑地の軽井沢からアランに出したものがある。

親愛なるアラン／お前からの強い「非難」(indictments) を受け取ったが、ほとんどは当たっていない、お前はひどく興奮しているようだ、お前が云うことは概ね誤解だ、事実と違い、事を正しく分かっていない、だが、少なくとも今は説明する気になれぬ……／お前の事で残念なのは、不幸な事にお前は才能を、今まで良く使っていない事だ、お前があらゆる方面で才能の有る事は、疑い無い／お前の酒癖の悪い事、残念ながら遺伝のせいだ、お前がどうなっても同情する、わしらは多かれ少なかれ、「カルマ」の犠牲者だ／「名誉」の事は云うな、それは最も卑しむべき事、望んだ事も無い／今軽井沢に居る、ここに居ると、お前の母と共にわしらが経験した沢山の事を思い出す／夏が過ぎたら鎌倉へ戻る、お前の妻と文庫へ来られたし、楽しく夕食を共にしたい、招待受けられたし、直ぐに知らせる／最後に、どれほどお前がわしを咎《とが》めようと、お前を悪く思っては居らぬ事、知っておかれたし、わしはお前の父親だと思って居る (have a fatherly feeling) ／愛情を込めて (著者訳)

ここで大拙が書いているアランとのトラブルがどのようなことだったのかは、わからない。アランが相変わらず、面倒な息子だったことは読み取れる。どんな事があっても大拙は養子を見捨てない親だったことも。

大拙の帰国後の大仕事は、親鸞の著作『教行信証』(一二二四頃成立) の英訳だった。同書の英訳は浄土真宗の悲願ともいえるもので、それができるのは大拙をおいてほかにはなかった。大拙は禅関係の文献の英訳を一時棚上げにして、約三年をかけて一九六一年七月に『教行信証』の仮訳を完成させた（『鈴木大拙とは誰か』）。『教行信証』の英訳は、大拙を禅者とみる向きには奇異に思えるかもしれない。しかし彼は、信仰心の厚い念仏者を指す「妙好人《みょうこうにん》」研究をはじめ、浄土真宗の研究にも大きな足跡を残している。したがって、大拙が禅者だという理解は正しくない。彼は禅宗にも真宗にも神秘主義にも関心を寄せた仏教学者なのだ。

禅宗と真宗を股にかけ、神秘主義にも視野を広げた大拙の学問は、自己の宗派学に専念する一部の仏教学者の目には、異端にしか映らないだろう。「あの世」を否定し「自力」での悟りを目指す禅宗と、極楽往生を願って阿弥陀仏の「他力」に頼る真宗とでは、教義のうえで水と油だとも思える。大拙の禅学への最大級の評価は、真宗と神秘主義への貢献を脇に置いたうえで与えられている。

池真理子は芸能活動をつづけていた。NHK紅白歌合戦には一九五七年の第八回までに六回の出場をはたしている。再婚相手になるかもしれない男性はいたが、実の父でもないひとのことをパパと娘に呼ばせるのがいやで、生涯独身を通した。娘の麻耶は、相変わらず大拙を本当の父親だと思っていた。どうしておじいさんと結婚したのかという麻耶の問いに、真理子は「偉いひとだったから」と答えていた（池麻耶談）。大拙は真理子のことも麻耶のことも大事にした。

麻耶もやんちゃな子どもだった。「あれはどうも真理子の手に負えん子になるような気がするが」と、大拙は美穂子によく話していた。幼い頃のアランの記憶を重ねて、大拙は麻耶の将来を心配したのだろう。ある日、麻耶は大拙に「ゼンって何のこと？」と尋ねる。大拙パパは、「そのままあるということ、麻耶が麻耶でいるということ」と答える。幼かった麻耶にはわけがわからなかったが、その会話はよく覚えている（金子務編『追想　鈴木大拙』）。

麻耶は小さいときに、父のアランと引き合わされていたことも覚えている。真理子の母とアランは不思議と気の合う仲で、たとえ真理子と別れてもお母さんとは別れないぞと、結婚したばかりの頃からアランはいっていた。そのことば通り、麻耶の祖母はアランとのつながりを保っていて、東京の山の上ホテルでのアランとの食事に幾度か麻耶を連れて行った。しかし、そのときはその西洋人風の男が実の父だとは、麻耶は知らされなかった。アランは背が高くて格好よくて、「ホテルのおじちゃん」と麻耶は呼んでいた（池麻耶談）。

真理子は一九五八年、五九年のNHK紅白歌合戦には選ばれなかった。一九五一年の第一回と一九五四年の第五回にも落選したことはあったが、連続して出場を逃したのははじめてだった。紅白に出られるかどうかは、歌手にとっては一大事になっていた。真理子は自分に転機が訪れたことを悟り、アメリカで本場のジャズを学び直したいと思うようになった。

一九六〇年八月に、真理子と麻耶は旧知のアメリカ人から強く勧められて渡米した。ことばの通じない国での生活に不安もあったが、真理子はチャレンジする道を選んだ。娘はオレゴン州の小学校に入り、母はニューヨークで音楽活動をした。真理子はアメリカでラテン音楽を仕込み、芸風を広げて翌年四月に帰国した。娘をそのままアメリカで教育するつもりでいたが、日本語をどんどん忘れていく彼女のことをホスト・ファミリーが心配して、母に一ヶ月遅れて麻耶を帰国させた（池真理子関係者談）。

麻耶はまもなく一〇歳になろうとしていた。自分の父がなぜおじいさんなのかと問いつづける麻耶に、そろそろ本当のことを告げなければなるまいと、大拙は決心する。アランが二二歳になるまで本当の親のことを告白しなかったことを、大拙は遅すぎたと反省していたのだろう。その轍を踏むまいと思ってか、大拙は真理子と麻耶を松ヶ岡文庫へ呼び寄せた。

そんなとき、その事件が起きた。

事件

松ヶ岡へ行く前日に、美穂子から真理子に急ぎの電話が入った。アランが何かしたらしく、新聞や雑誌の記者が詰めかけている、だから明日は来ないほうがよいとの大拙からの伝言だった。真理子は何が何だかわからないまま外出し、渋谷駅のスタンドにあったスポーツ紙に、池真理子の元夫がどうこうという文字が躍っているのを目にしたという（池真理子関係者談）。ところが、関東で発売されていたスポーツ紙をすべてチェックしても、同日近辺にそういう記事を発見できない。しかし、一般紙には小さな記事が載っている。一九六一年六月五日の「読売新聞」は、社会面でつぎのように事件を伝えている。

「三階から女給とびおりケガ　監禁、乱暴され」

四日午後六時二十分ごろ東京都文京区水道町三四安東坂アパート三階、東宝映画外国部嘱託鈴木勝（四四）の部屋から八メートル下の庭に女がとびおりたのを近くの人が見つけ、近くの病院に収容したが左腰、腕などに全治三週間の打撲傷。

図6　「読売新聞」1961年６月19日号掲載の広告

富坂署で調べたところ、新宿区十二荘、バー女給T子さん（一八）で、同日午後友人のモガリン米陸軍伍長と鈴木方に遊びにいったが、部屋にカギをかけられ、ヌード写真をとられたうえ、モガリン伍長が帰ったあと鈴木に乱暴されたので、窓からとびおりたものとわかった。同署では鈴木を婦女暴行、不法監禁容疑で逮捕、調べている。

同日の「朝日新聞」も、ほぼおなじ内容の記事を載せている。これが事実かはわからないが、とにかくこういう報道がされた。

真理子はそのニュースが麻耶の耳に入ることを恐れた。幸いにも麻耶はアメリカン・スクールに通っていて、日本のちまたの話題を学校で聞くことはなかった（池麻耶談）。

ほどなくして、「週刊新潮」六月二六日号（六月一九日発売）に、「昭和最大の不肖の息子　文化勲章受賞者の長男がグレだすまで」という見出しの七頁にわたる記事が出る。同誌の新聞広告ではトップ記事の扱いだったので、真理子が渋谷駅で目にしたという広告は、この「週刊新潮」のものだったのかもしれない（図6）。

もちろん、これは週刊誌の「ゴシップ記事」に分類されるものなので、内容を割り引いて読むべきものだろう。記事のすべてが事実だとみるべきではなく、こういう報道をされた事実があったという位置付けでここでは紹介する。しかし、この「週刊新潮」の記事には、二度と取れないような関係者の証言も豊富に入っている。他の資料で裏付けられることも多い。少なくとも先に引いた城山三郎や水上勉の文章のように、姓名などのごく基本的な事実関係に、すぐにわかる間違いがあるものよりは信頼できそうだ。

「週刊新潮」は、事件の概要につづけて、大拙の代弁者として弟子の志村武（一九二三―一九八九）の談話を載せている。それによると、事件に対する大拙の意見は、つぎのようなものだった。

アランはすでに四十を越えている。わしとしてはアランのためには正規の大学まで既に出してある。従って、どういう面から見ても一人前の人間であるということがハッキリ言えるわけだ。一人前の社会人としてすでに独立しているのだから、いくら親であっても、いちいちとやかくいえることではない。［イギリス首相］チャーチルの娘などの場合は、非常に派手にやっとるけれども、外国では、いちいち親をひき合いには出さない。

こういう「公式」コメントとともに、大拙は志村に対しては、つぎのようなことも漏らしたという。

アランは非常に技量のある男だ。たとえこういう事件が起こっても彼が酒さえやめれば立派に生きていける男だ。世間でもアランほどの技量のある男をほうってはおくまい。わたしとしては一番望むのは、何とかしてアランに酒をやめさせたいことだ。志村君、どうしたらアランに酒をやめさせることが出来るか、あれは素直ないい男だけれども意志が弱い。

「公式」コメントでは大拙はアランを突き放しているが、志村に語ったとされることを読む限りでは、大拙はそれでもなおアランへの愛情を失っていない。まるで「新約聖書」に出てくる、放蕩息子の帰りを待つ父のように。

記事では、親戚の某氏のつぎのようなコメントも載せている。大拙とビアトリスには子どもがいなかった。しかし、ビアトリスは自分の理想主義で子どもを育ててみたいという気持ちがあって、そのことをおこのに伝えていた。アランはおこのが探してきた子どもで、大拙とビアトリスの戸籍上の実子として育てた。ビアトリスの理想教育は、アメリカ式で厳しかった。自分の部屋にいるべき時間はいるようにしつけられていて、普通の子どもとくらべたらかわいそうだった。大拙は勉強ばかりしていて、ほとんどアランにはかかわらず、たとえばアランが軽井沢へ行くといえば、「お前が軽井沢へ行くことは、人生上、どういったプラスがあるか」といった調子だった。

大拙が子育てにかかわらなかったというのは、「大拙日記」や手紙をみた限りでは事実と違う。

アランが問題を起こしてからではあるが、要所要所で親としての努めをはたしている。そういう努力は、この親戚の耳には入らなかったのだろう。

アランの寂しさ

「週刊新潮」は岩倉政治のコメントも取っている。岩倉はアランの幼少期に大拙に請われてひと夏のあいだ、故郷の富山でアランの面倒をみたときのことを語った。「人なみはずれて大胆だったし、頭もよかった。普通の子供とは違うものを強く感じた。うまくいくと大したものになるという期待をいだかせた。しかし、そのころの、形式的で偽善的な教育環境の中では、到底、理解されないような、なかなか正常に発展できないような個性だったと思う」と岩倉はいう。そしてアランとともに過ごすうちに、「勝君の寂しさもだんだん理解できた。」大拙がビアトリスに注いだ愛情、とりわけ妻が病床にあるときの、苦しみをわかち合うような看護には感動した。

しかし、勝君にそのような愛情を注ぐのは、ついぞ見なかった。これは私だけの限られた見方であったかも知れないが……

もちろん、これは大拙が存命中の記事だ。弟子の岩倉は、これが大拙の目に触れるかもしれないと承知のうえで、アランのことについては大拙に批判的な立場をはっきりみせている。

アランの女性遍歴について、記事はアランの旧友のF氏の談話を紹介している。

なにしろ背が高くて、大へんな美男子だったから、女学生なんかにすごい人気だったんですね。だから中学でも、もう女の問題はしょっ中でした（注＝京都府立三中から、途中高野山中学に転校した）。……卒業論文はユージン・オニール（注＝アメリカの劇作家）だったが、非常にいい論文で、学内で評判だったと聞きましたね（注＝同志社大・上野学長は「教授から要求されたものをやっただけで、出色の出来ばえとは言えなかった」と言っている）。

昭和十二年に同志社大学から、日米学生会議の代表になってサンフランシスコに行き、この時、最初に結婚したKさんと知り合ったのです（注＝Kさんも東京女子大の代表だった）。

Kさんは超一流の才媛だったけど、たちどころにまきこんじゃった。そういうところは、うまいんです。苦味走っていて、いいこと言いますからね。

それにあきて、池真理子（歌手）のような人に移り、それからまたインテリに戻った（注＝現夫人）という具合いに、趣は変わってるけど、みんな一流でしょ。一流がコロッといくところがあるんですよ。心得ているんだ、ツボを。……

それからいくと、今度の事件というのは、相手が今までのジャンルとはちがうんで、間違えたんだな。

すでに大学時代に子供を生ませていて、次々によく子供生ませるんだなあ。たしか今まで三人か四人か、一人一人女が違うんだからねえ。

とにかくもうその時、大拙氏もおこのもアランを見限っていたから、最初の結婚のときは、大拙氏も出席せず、親戚も一人だけをのぞいて、だれも出なかったんです。

しかしまあ、それで納まるかと思っていると、幼なじみだった、池真理子と一しょになっちまって、それでKさんと別れた。と思ったら、今度は、日比谷の三信ビルで翻訳事務所をやったとき、仕事を助けてもらっていた現在の夫人と一しょになって、真理子と別れた。その間にもウワサはずいぶんありました。

当たりはいいし、金ばなれはいいし、ですからねえ。

とにかく女房は次々に変わったが、よい意味でも悪い意味でもなく、普通の日本人にある義理なんてものは、まるっきりない男ですよ。（文中の「注」はすべて原注）

アランの経歴をたいへん正確に書いているうえ、卒業論文の評価について当時の教授の証言を取るなど、取材のていねいさがわかる。これによると、アランの子どもは、ノブとの娘、麻耶を含めて三人か四人ということになる。

記事は、大谷大学前総長の山口益《すすむ》（一八九五―一九七六）の談話を、最後に載せている。

むすこさんのことは、人間の力にはすべて限界がある、限界をどうしてみてもしょうがないと［鈴木先生は］考えておられたのではないか。（中略）

先生は昭和二十年まで宗教学の講義をしておられたが、先生は偉すぎて学生たちの評判のラチ外にあった。先生には、自分が力一杯に話をすれば、お前らの方でどうとろうと勝手というようなところは確かにあった。

大拙は父親として偉すぎたのだという印象を残して、記事は締めくくられている。そういう紋切り型の評価が正しいかどうか、本書の読者ならば自身で判断できるだろう。

「不肖の息子」のレッテル

週刊誌に大々的に書き立てられたことで、アランは社会的な立場をなくしたとみられる。アランが起訴されたのか、被害者と示談になったのか、事件の決着がどうだったのかはわからない。それをあきらかにすることには、あまり意味がない。たとえ無罪になったとしても、警察に逮捕されたというだけで、消すことのできない傷跡を人生に残すものだからだ。

少なくとも、大拙の周りにいる者にとって、アランはアンタッチャブルな存在になった。事件の記憶を消し去りたいと願った。その証拠に、学者や宗教家はもちろんのこと、林田久美野でさえも鈴木家の内情やアランのことを『大叔父』に詳しく書いても、事件のことには一切触れなかった。事件に対する大拙の反応も、「週刊新潮」が伝えた以上のことを知る手掛かりはみつからない。公開された手紙のなかには事件に触れたものはない。また、先に書いたように、大拙の晩年の日記は行方不明になっている。息子のしでかした事件に対する、大拙の真の苦悩を知ることはできない。

アランに貼られてしまった「不肖の息子」というレッテルについて、少し考えてみたい。このレッテルは、親が使う場合、息子が自分で使う場合、世間が使う場合の三通りがあるだろう。いずれの場合でも、息子の行いが親、とくに父親とくらべて大いに劣るとみなされたときに、「不肖の息子」というレッテルが使われる。親が「うちの不肖の息子が……」ということは少ないだろう。

それでは親が自分を持ち上げることになってしまうからだ。だが息子よりも優れていると自他ともに認める場合には、親が自分で使ってしまうこともあるだろう。息子が自分で「不肖の息子です」という場合は、そこには謙遜と親への敬意がある。だいいち、本当の「不肖の息子」ならば、自分で自分のことをそうはいわないだろう。アランの場合がそうであるように、このレッテルは往々にして世間が使う。

「不肖の息子」とは、何か絶対的な基準で決まるものではない。普通の親に育てられた子なら、余程のことでもしない限り「不肖の」とは呼ばれない。「不肖」かそうでないかは、親と子の相対的な関係によるのだ。また、子が人並み以上に優れていても、その方向性が世間の期待と違っていれば、やはり「不肖の息子」になってしまう。アランは流行歌の作詞や、学術的でない分野の翻訳で才能を開花させた。アランが大拙の子でなければ、「自慢の息子」と呼ばれうる経歴だった。

しかしそれには、アランが酒を飲まなければという限定が付く。アランの酒癖は、大拙がたびたび嘆いているように、決してほめられたものではない。では、いったい何がアランを酒に浸らせたのだろうか。

はたしてアランはどれほど「ワル」だったのかを、客観的にみる必要もある。少年時代は別にして、大人になってからのアランが暴力をふるったことは、問題の事件を除いて記録がない。池真理子をよく知る何人かに聞いても、家庭内暴力などはなかったという。仕事のうえで権謀術数を使うひとではなかったようだし、女性関係を除けばひとの恨みを買うようなことはみあたらない。酒は飲んでもギャンブルに狂った形跡はない。金のことで大拙に迷惑をかけたことは何度もあるが、いずれも事業の資金か飲み代の支払い、そして少なくとも一度は女性への慰謝料だった。問題の多い息子だったことは確かだが、途方もない「ワル」でもない。歴史に残る大ヒット曲を作詞するなど、よい仕事もしていた。しかし彼が大拙に育てられた子であるがゆえに、世間は厳しい目を向けた。それは、アランにとっては、大酒を飲みたくなるほどつらいことだったろう。

大拙の死

アランが事件を起こしたあとも、大拙の学究は変わらずつづいた。『教行信証』英訳の完成や、英語の禅語辞典を作ること、『臨済録』や『碧巌録』といった禅の基本文献の英訳など、やり残している大きな仕事をいくつも抱えていた。『碧巌録』の英訳には取りかかっていたが、それは大拙といえどもすぐに完成できるほど簡単な仕事ではなかった。講演や対談、外国からの訪問客への応対などにも、忙しく働いていた。

耳はすっかり遠くなっていたが、東慶寺から松ヶ岡文庫へと通じる一五〇段近くもある階段を上り下りできるほど、足腰はしっかりしていた。九〇歳のときから東京の聖路加病院で定期的に人間ドックを受診し、高血圧と白内障、難聴のほかには悪いところはなかった(日野原重明『死をどう生きたか』)。

ときに大拙は、先の短さを語ることもあった。「ご迷惑でしょうが、どこまでも先生にくっついて行っていいですね」という美穂子に、大拙は一瞬困った様子をみせながらも「ああいいよ、どこまでもついておいで」と返した。そんな会話が、「私の心を安らかにさせてくださいました」

と美穂子は書いている（『回想　鈴木大拙』）。

しかし、死神は突然やって来た。一九六六年七月一一日の早朝、毎年の恒例になっていた軽井沢での避暑に出掛ける日に、大拙は激しい腹痛を訴えた。美穂子と久美野らは、大拙のただならぬ苦しみように動揺しながらも、近くの医師に往診してもらったり、ひとを頼んで薬局に薬を買いに走らせたりした。お昼頃に聖路加病院の医師が着き、パトカーが先導する寝台車に大拙を乗せて、北鎌倉から東京に向かった（『大叔父』）。

途中、交通渋滞に巻き込まれ、大拙を聖路加へ運ぶのに三時間もかかってしまった。診察した日野原は、もはや開腹手術は危険と判断した。まだ意識があった大拙に「病気はずいぶん重いです」と正直に伝えると、大拙はうなずいた。血圧が下がりはじめたので、日野原はモルヒネで痛みを抑えて、昇圧剤と輸血、そして呼吸を楽にするために胸から上を覆う酸素テントの処置をした。病院には急を聞いた関係者がつぎつぎと見舞いに訪れていたが、日野原は美穂子とごく少数の者以外の面会を断った（『死をどう生きたか』）。

久美野はその面会謝絶の病床に、アランが来たことを覚えている。美穂子が「先生、アランさんですよ」というと、大拙は酸素テントににじり寄り、「おう、おう」と手を動かした（『大叔父』）。それが親子の、この世での最期の対話になった。

大拙の容体がいよいよ悪化したとき、美穂子はこう尋ねたという。

Would you like something?（何かお望みのことは？）

No, nothing. Thank you.（いや、何も無い。ありがとう。）（『回想　鈴木大拙』）

膨大なことばを書き綴った二〇世紀の偉人は、この「ノー、ナッシング。サンキュー」という短いことばを遺して、七月一二日午前五時に他界した。死因は、腸間膜動脈血栓症とも、絞扼《こうやく》性腸閉塞とも記録されている。

美穂子が記憶するこのやりとりは、大拙の「末期の一句」として伝説化している。「ナッシング」には「無」の意味がある。鈴木大拙の最期の境地が「無」であったということが、「禅者」の生涯を神話化するのに格好の材料になっている。大拙がそういったという美穂子の記憶を信じるとしても、その解釈には注意が必要だ。というのも、この会話を素直に読めば、何かしてほしいことがあるかという秘書の問いに、いや別に何もないと答えた、ただそれだけのことではないか。

禅の関係者は、大拙の「ナッシング」に注目する。しかし、病床に駆け付けた精神科医の近藤章久（一九一一―一九九九）は、"Don't worry. Thank you, thank you."（「心配しないで。ありがとう、ありがとう」）が大拙の末期のことばだったという（『回想　鈴木大拙』）。大拙とも近藤とも深い親交のあった浄土真宗大谷派新門の大谷光紹（一九二五―一九九九）は、「ナッシング」ではなく、近藤から聞いた「サンキュー」のほうを強調する。

［大拙は病床で］「ドンド・ワリー」と周囲の人を慰め、「サンキュー・サンキュー」といっていられたという。この先生独特の響きの籠められたサンキューは、私の感じでは、先生の真宗に対す

る共感の深まりとともに、ますます多く聞かれるようになったのだ。いや、金沢という真宗の盛んな土地に生れた先生にとって、この真宗的な感謝の気持は、——禅的な鋭さや断固たる精神力を父とすれば、——その蔭にあって母として、陰となりひなたとなり、渾然として一箇の鈴木大拙師を打ち出し、その一生を大きく貫いて来たとも言えよう。(『回想　鈴木大拙』)

いうまでもなく、「ナッシング」は「無」であり禅宗的、「サンキュー」は「御恩報謝」に通じる真宗的なことばである。信仰が異なれば、ひとつの人生へのみかたも、ここまで違うのかと感じずにはいられない。しかし、「ナッシング」と「サンキュー」、どちらかに偏った解釈は正しくない。大拙のことばは、ただの「ノー、ナッシング。サンキュー」か「ドント・ワリー。サンキュー」であって、それ以上の意味を読み取ろうとするべきではない。

大拙の葬儀は七月一四日に東慶寺で営まれた。導師は朝比奈宗源が努め、もちろん池真理子と麻耶も参列した。真理子は葬儀のときにアランをみかけ、互いに目礼したが、ことばは交わさなかったという(池真理子関係者談)。どの面を下げて来たと会葬者からにらまれるのが、アランにはたまらなかったのだろう。それが身から出た錆だったことも、彼にはよくわかっていたはずだ。

大拙の遺骨は三分され、東慶寺、金沢市野田山の鈴木家墓地、そして高野山・親王院に埋葬された。そのいずれの墓所でも、ビアトリスが先に待っていた。

親子関係再考

はたして、大拙とアランはどういう親子だったのだろうか。それを最後に振り返っておこう。アランはもらい子だった。その子を大拙は実子として届け、実子として育てた。

大拙は幼いアランのなかに、悟りにも似た純粋さをみたこともあった。大拙の願いはアランが学者になることだった。しかし物心が付くとアランは活動的になり、勉強もせず平気で嘘をつくようになった。大拙は息子に手を焼きながらも対話の扉を閉ざすことなく、更正を願って規律の厳しい学校に入れたり、田舎にいる弟子に預けて教育を頼んだりした。

思春期を迎えたアランは、女性問題も起こすようになった。ハーフの美青年で女性によくもてた。大学生になるとダンスホールなどに出入りし、秀才の集まる日米学生会議の代表に選ばれるなど、男性ながら「才色兼備」という形容が似合う青年になった。大拙はアランの女性関係を気にしながらも、彼の秘められた才能にはさしたる関心をみせなかった。

養子であることを大拙は隠していたが、アランのほうは気付いていた。嘘をつくなという親が嘘をついていることを、彼は見透かしていた。「あいのこ」であることを、友達からからかわれもしたろう。

青年になったアランはある女性を妊娠させてしまい、大拙はその尻ぬぐいに走った。その直後に、アランは交際していた女性と結婚したが、大拙はそれを認めなかった。やがて太平洋戦争がはじまり、見た目が西洋人のアランにとって日本は生きづらい場所になった。そして、終戦までは上海で同盟通信社の仕事をした。

引き揚げ後は、上海時代の縁で芸能界の仕事をするようになり、「東京ブギウギ」を作詞した。その歌詞には、東西文化の橋渡しを願った父の思想に通じるものがあった。そして学生時代から知り合いだった歌手の池真理子と再婚した。大拙は「東京ブギウギ」には関心がなかったが、真理子との結婚は祝福した。だが真理子との結婚生活も長くはつづかず、アランはまた別の女性と再婚した。大拙はアランの女性関係のだらしなさと酒癖の悪さを難じながらも、借金を肩代わりしたり自分の仕事を頼んだりしつづけた。アランは作詞や翻訳などで、着実に実績をあげていた。

しかし、アランはついに週刊誌沙汰になる事件を起こしてしまった。大拙はアランを突き放した発言をして、この親子関係は終わったかにみえた。しかしそれから五年後、臨終の床に駆け付けたアランに、大拙は「おう、おう」とにじり寄った。

このように、大拙のアランへの態度には一貫性がない。ときに子を愛し、ときに子を突き放した。どちらが本当の気持ちということではない。ときどきで変化する態度のすべてが大拙そのひとなのだ。

だからといって、大拙の一貫性のなさを責めるべきではない。「発言がぶれる」などというのは、マスコミが政治家を攻撃するときに、便利に使うことば以上のものではない。自分の周りの世界はどんどん変わっていくし、ままならないことは世の中にいくらでもある。そんななかで、ぶれないでいることに大した価値はない。血の通った現実の人間は、半ばする愛憎に悩み、ぶれる。大拙も子育てに悩んだひとりの父親であり、人間なのだ。

実は、大拙は専門的な言説のなかでも、変幻自在な一面をみせている。たとえば、ドイツの哲学者オイゲン・ヘリゲル（一八八四―一九五五）は、日本での弓術修業の体験を禅の観点からまとめて『弓と禅』（一九四八）という本を書いた。その英語版（一九五三）への序文で大拙は、「西洋の読者にとって、しばしば、不思議で近づきがたいもののように思われている東洋の体験も、彼の表現を通して、もっと親しみふかい関係をもつものとなるであろう」（増谷文雄訳）と、ヘリゲルの本にお墨付きを与えている。ところが、その六年後に雑誌「禅文化」に掲載された対談のなかでは、「あれ「ヘリゲル」は禅に向おうとしているが、禅そのものにはなっていない」「わしは唯、「序文を」書けと言うから書いたのだ」といっている。ヘリゲルの本に献じた序文では多少のリップ・サービスはあったにしても、国外向けと国内向けとで発言がこうも違うと、読む者は彼の真意をはかりかねる。それもまた、ひとつのことに囚われない禅的な生き方なのかもしれないが。

しかし、世間は大拙のこうした一貫性のなさをみつめようとせず、彼の態度の一面だけを拾い、アランを義絶したと事実でないことを噂した。大拙を完全な偉人にするためには、アランを切り捨てる必要があった。

晩年の大拙は、子どもの自由さを慈しむようなことばを残している。一九六三年に開かれた大谷大学での講演の記録から引用しておく。

これも、やはり五、六年前だったか、或は七、八年前だったか、アメリカの「ニューヨーク・タイムス」の中に出ておったベストセラーの一つに、こういうのがあった。それは子供の話なんですね。子供が朝から遊びに出ておって、昼ごろ、お腹がすいたから帰って来た時に、親が「お前、どこへ出ておった」というたらば、「外へ出ておった」と。「何をしておった」というと、「何もしない」と。それが面白い。本の題は「外へ出ておった」だったか、「何もしない」だったか。とにかく「外へ出ておったが、何もしない」と。ところが、そうじゃなくて、実際は、あらゆる意味の子供的活動をやっておったにきまっとる。飛んだり跳ねたりして、それで、お腹がすいたら帰って来たわけなんです。それが面白い。何をやっておっても、何もやらぬのと同じことなんですね。飛んだり跳ねたりは大活動に違いないが、子供の生活から見れば、それは大変でも何でもない、Nothing なんですね。それが遊戯自在。

ベストセラー本から引いた話題だと大拙はいうが、この子のイメージはアランそのものであることは、大拙もわかっていたはずだ。アランの幼かった頃、外で飛んだり跳ねたりして帰ってきた彼に、大拙も「何をしておった」と聞いたことがあろう。しかしアランが「何もしない」といったら、大拙はそれを「面白い」とはいわなかっただろう。「嘘をつくな」と叱っていたはずだ。幼い日のアランの遊戯自在さをもっと大切にしてあげていたら、彼はまた違った人間になっていたかもしれない——これはそういう反省の弁なのだとも読める。

一方で、アランの父に対する思いはどうだったのだろうか？　わずかに遺された記録の端々に、父の厚意にすがり親不孝を詫びることばや行動がみられる。アランは学問一筋の父から、もっと愛情を受けたかったのだろうか？　血のつながらない親とは異なる資質を持っていたがために、家族のなかでの居心地の悪さを感じ、孤独にさいなまれてつづけていたのだろうか？　普段の彼を直接知る関係者に聞けば、アランは本当に優しい人間で、伝えられるような事件にかかわったとは、とても信じられないと口をそろえる。それでも、あのように報道されたことによって、大切な父の顔をつぶしてしまったことを、アランも自覚し悔いたろう。

大智と大悲

意外かもしれないが、大拙が抱いていた、子への思いを知るもうひとつの手掛かりは、猫の語り方にある。大拙は動物のなかでも猫をこよなく愛した。晩年はよく懐に猫を抱き、まるで家族に対するように、英語で話しかけていた。猫、とくに子猫に大拙はアランを投影していたと思う。

猫と禅といえば、『無門関』と『碧巌録』に出てくる「南泉斬猫《なんせんざんみょう》」の公案が有名だ。唐の禅僧・南泉普願《ふがん》（七四九頃—八三五頃）は、一匹の猫をめぐって僧たちが争っているところに出くわした。南泉は猫をつまみ上げて僧たちに向かって、さあ何かいってみろ、何もいえなければこの猫を斬ってしまうぞと問うた。だれも何もいえないのをみた南泉は、猫を斬り捨てた。晩に高弟の趙州従諗《じょうしゅうじゅうしん》（七七八—八九七）が帰ってきたので、南泉はこの話を聞かせた。すると趙州は、履いていた草履を脱いで自分の頭の上に載せて部屋から出て行った。南泉は、あの場に趙州がいたら猫を救うことができたのに、といった。

南泉のものでは、『無門関』の「平常是道《びょうじょうぜどう》」（「道とはどんなものか」という問いに、南泉が「平常の心こそが道だ」と答える問答）の公案を、大拙はよく引用している。ところが、「平常是道」とならんで有名な「南泉斬猫」のことを、大拙はほとんど語っていない。大拙がこの公案をやや長めに書いているのは、英語で出版した『禅学への道』だけである。大拙はそこで、つぎのようにコメントしている。

これは一体何を意味するのか。罪もない生物が何故犠牲に供せられたのか。趙州が草履を頭上にのせたことが喧嘩騒ぎとどういう関係があるのか。生物を殺害した南泉は、宗教的どころか、血も涙もないということになるのか。あのような突拍子もないことをやってのける趙州は実は馬鹿だったのか、さらに、「絶対否定」と「絶対肯定」の二者は実際別別のものだろうか。この二人の登場人物、南泉と趙州には恐しく真剣な何物かがあるのである。これが分らない限り、禅は全く他愛もない道化芝居である。(坂本弘訳)

「南泉斬猫」は、肯定と否定を離れた境地をいっているのだろう。その意味を知りつつも、猫好きの大拙は、無残に猫を斬るこの公案が嫌いだったのだと思う。

大拙は子猫の世話を焼く親猫に、仏の慈悲心をみていた。一九六〇年の円覚寺での講演では、飼い猫が子を産んだエピソードを語っている。いま乳を飲ましていたかと思うと出て行って、自分で何かを食べてきたらすぐまた子猫のところへ戻る。運動に出掛けたらまた戻ってきて、子のそばを見回り、大小便までなめる。大拙は子猫まで飼いきれないので近所にあげてしまったのだが、親猫はとつぜんいなくなった子どもを探し回っている、その様子がいかにも気の毒でかわいそうだったという。

大拙はまた、こんなたとえもしている。猫が子を運ぶとき、親猫は子猫の首を口にくわえて、一匹一匹連れて行く。子猫は親猫に任せきりでいい。ところが猿だとそうはいかない。子猿は親の背に乗せられて運ばれるので、親の体を手足や尻尾で自らつかまえなければならない。子猫の移動は浄土真宗の他力で、子猿の移動は禅宗の自力なのだと（鈴木大拙〈佐藤平訳〉『真宗入門』）。

この「猫の救済」と「猿の救済」は、真宗の「大悲」と禅宗の「大智」を象徴している。大拙は禅者だったのではなく、禅にも真にも関心のあった仏教学者だったことを思いだそう。「不肖の息子」に厳しくあたったのは、大拙の禅宗的な「猿の救済」の部分で、アランを見捨てなかったのは、真宗的な「猫の救済」の部分なのだ。禅と真、「大智」と「大悲」、「猿の救済」と「猫の救済」、その両方を大拙は持っていた。その点を見過ごしてしまうと、大拙の子への思いがあいまいにみえ、一見矛盾した態度を取っていただけのように思えてしまう。

晩年の大拙は、仏道を説くのに親猫と子猫のたとえ話をよくしていた。一九六三年夏に軽井沢の出光寮で講演したときに、後に出光興産の社長・相談役になる石田正實（一九一〇頃―一九九七）は、大拙が親猫と子猫の話をしながら机に伏して泣く姿を目撃している（『人と思想』）。子を思う親猫の心は、よほど大拙の琴線に触れるものだった。

大拙の真宗観では、他力は安穏としていても得られるものではなく、「どれほど愚かであろうとも、いかに無能無力であろうとも、彼の岸に到るための努力のすべてを尽してしまわねば」（佐藤平訳、『真宗入門』）与えられることのないものだった。酒癖の悪さを自覚していたはずのアランが、飲酒を止めなかったことで身を滅ぼしても、それでも「猫の救済」の手を差し伸べることは、大拙はしなかった。いや、あるいは臨終の床で「おう、おう」とアランににじり寄ったことが、大拙が息子にみせた最後の「大悲」だったのかもしれない。

大拙の「大悲」は、アランに確実に届いたはずだ。自分に投げかけられた最期のことばというものは、残された者が先立つ者に対して抱く感情を、決定的なものにする。それでも父は許してくれたという、忘れがたい印象を息子に残して、親子は永遠の別れをした。

父と子

事件のあと、アランは美香子ともうまく行かなくなってしまった。ふたりは一九六五年三月に、正式に離婚している。ヤシカカメラとはまだつながりがあったようだが、アランが何をして生活していたのか、知るひともない。

大拙が亡くなってから二、三ヶ月の頃、お線香をあげるためにアランが松ヶ岡文庫を訪ねて来たと、林田久美野は書いている。

> 当時、アランは五〇歳を過ぎたばかりだというのに、足取りもおぼつかなく、年齢よりもぐんと老けて見えました。かなり酒をたしなむほうでしたし、長い間、健康的とはいえぬ不摂生な暮らしを続けてきたせいでしょう。庭に姿を見せた後、長い時間をかけて石段を昇り、ようやくといった感じで仏間の縁側にたどりつき、私がすすめた坐布団に腰を掛けました。
> そして、まるで初めて見る景色のように秋の気配の北鎌倉の山並を見ながら、しんみりと呟き

ました。「僕は悪いことばかりして、両親に心配ばかりかけてしまった。でも、一つだけいい事をしたと思っている。それは久美野さんを不幸にしなかったことだ」（『大叔父』）

両親への反省の弁は、しらふのときのアランの、偽らざる心情だと信じたい。しかし、それにしても、女性に対して気取ったセリフを吐く女ったらしぶりは、変わっていない。

アランは「本当は僕が父の面倒を見なければならなかったのに、久美野さんがこうして一緒に暮らしてくれた。父も幸福だったと思う。どうもありがとう」（『大叔父』）といったという。久美野はどんな返事をしたか覚えていない。

大拙の死から四年近くが経った一九七〇年の春に、池真理子は鈴木玲からの電話を受けた。アランが咽頭癌で入院しているので、一度見舞ってやってほしいという知らせだった。真理子は高校生の麻耶とともに広尾の病院を訪れた。大拙が父親ではないことを、麻耶はすでに美穂子から聞かされていた。アランが実の父なのだと、いったいだれから聞いて知ったのか、麻耶は覚えていない。

アランは自分の癌がたまたまみつかったことや、美香子とはずっとまえに別れたことなどを、冗談まじりに話した。麻耶にも新婚時代の話を楽しそうに話した。アランと麻耶がお互いに親子と知って話をするのは、この日がはじめてだった。麻耶を残してお大事にと先に病院を出たのが、アランと真理子の最後の別れになった（池麻耶談）。

それからアランは、入退院を繰り返した。麻耶は入院中のアランのために、サンドイッチを作ってたびたび見舞っていた。ある病院では、部屋の隅をカーテンで三角形に仕切っただけの、薄汚い場所に父が入れられていたことが、麻耶の記憶に強く残っている。父と会っていることは真理子には秘密にしていたが、母は感づいていたと麻耶はいう。

ある日、知らない熟年女性がふたり、自宅療養中のアランを見舞いに来た。そのうちのひとりが麻耶の黄色いTシャツに「MAYA」と書かれてあるのをみて、「あなたが麻耶ね。大きくなったわね。知っているのよ、あなたの小さい頃を」といった。式場美香子だった。そのときのアランと美香子の会話は、ただの世間話のようなものだった（池麻耶談）。

アランの最期は、世田谷の小さな病院だった。危篤になっても真理子は来ず、アランのところに残った身内は、自分が育てたわけでもない娘の麻耶だけだった。そして一九七一年六月二七日、最初の入院から一年あまりの闘病を経て、娘に看取られながらアランは生涯を閉じた。寂しい晩年にあって、麻耶のいたことがアランの最後の救いだったろう。

葬儀はビアトリスゆかりの高野山・親王院で行われた。麻耶のほかに鈴木玲、鈴木伊智男とヤシカカメラの友人が参列しただけの、ひっそりとしたものだった。戒名は「大勝院寫正求眞居士」で、好きだった写真にちなむものになった。アランは親王院で永代供養されているが、両親の眠る東慶寺と金沢の野田山には納骨されなかった。

鈴木勝の墓標はどこにもない。

最後に、アランと関係の深かった女性たちのその後を記して、本書を締めくくることにする。池真理子は、八三歳になるまで現役歌手として歌いつづけた。しかし、二〇〇〇年五月二八日に、あるパーティーで「センチメンタル・ジャーニー」を歌い終えた直後にクモ膜下出血で倒れ、三〇日に歌一筋の生涯を閉じた。式場美香子の行方はわからない。林田久美野は主婦業のかたわら組紐などを趣味とした。そして、本書でたびたび引用した『大叔父　鈴木大拙からの手紙』を一九九五年に出版し、二〇一一年七月に病没した。ノブとのあいだに生まれた長女は孫にも恵まれて、アメリカで幸せに暮らしている。池麻耶は大学で音楽の勉強をしたあと一時芸能界に身を置き、その後アメリカで陶芸を学んで画廊を開いたこともある。二男一女の母になり、いまは東京で英語学校を経営しながら、逗子・披露山《ひろやま》に新しく開校する、ライフ・ワークの「ごかんの森」プロジェクトの準備に追われている。

麻耶は自分の会社に、「大拙舎」と名付けている。

あとがき

これは鈴木大拙にまつわる本だが、大拙の思想や禅についての本ではない。大拙の代表作である『禅学論集』も『禅と日本文化』も『日本的霊性』も、この本にはほとんど出てこない。この本を手に取られた方は、その点をまず諒解してほしい。わたしは大拙の思想を理解しているとは思っていない。ましてや、禅そのものを語る資格は、わたしにはまるでない。それらを知りたい方は、その方面のあまたある書物をひもとくか、あるいは禅寺を訪ねることをお勧めする。すでに本書を読んでしまった方は、大拙の思想について書かれていないことに不満を感じたかもしれない。しかし、大拙のあまり語られていない一面を知り、人間像への理解を深めることはできたはずだ。

この本の主人公は、大拙の養子・鈴木アラン勝である。昭和歌謡史に足跡を残した人物ではあるが、彼の人生を追える記録はたいへん少ない。これが小説ならば、あれこれとストーリーを創作して、自分がみてきたかのような読み物に仕立てることも許されよう。残念ながら、わたしは作家ではなく研究者である。根拠のないことは書かないし、わからないことに断定的な表現は使わない。だから、アランのように記録が少ない人物のことを書くと、どうしても推測の多い歯切れの悪い文章になってしまう。それは書き手の良心のあらわれだと受け取ってもらえたら幸いである。

わたしがこの探究を進めるようになったのには、いくつかのきっかけがあった。そのひとつは、アランと最初の妻とのあいだに生まれた長女を知ったことだった。この出会いがきっかけで、わたしの探究は動き出した。それからは芋づる式に関係者とコンタクトを取り、いろいろな方々を訪ね歩いた。ひとり暮らしのご老人、バリバリの経営者、退職した大学教授、なかには三・一一の津波で自宅を流され、仮設住宅に入居中の方もいた。

もうひとつの重要なきっかけは、松ヶ岡文庫が所蔵する大拙の英文日記が順次活字化され、公刊されはじめていたことだ。大拙はほぼ毎日のように英文で日記を付けていたことが知られている。日記というと、その日その日の想いがつづられているような近代人の日記を想像してしまうが、大拙の日記はそうではない。その日、だれが尋ねてきた、どこへ行ったという、悪くいえば無味乾燥な記録が書き連ねてあるだけだ。どちらかというと、前近代的な日記といえるだろう。

それまで「大拙日記」は、厳選された部分の日本語訳しか公刊されていなかった。当然、そこには編者による記録の取捨選択がなされており、大拙の日々の活動を追いかけるには、じゅうぶんなものではなかった。しかし、新しく公刊されはじめていた「大拙日記」は、編者による選択のない、ほぼ完全な記録だと信用できるものだった。その証拠に、大拙の人物像を理想化するには都合の悪い記述も活字になっていた。

アランのことについても、大拙との交流の頻度や父としての子に対する思いを、「大拙日記」から新たに読み取ることができた。その日記と『鈴木大拙全集』に収められている手紙などを対照させていくと、いろいろなことがみえてきた。

それと同時に、未だ公になっていない資料のなかにも、大拙の家族関係を読み解くことができるものがあるに違いないとも思うようにもなった。ことに、大拙の妻・ビアトリスの日記や手紙は、松ヶ岡文庫に収蔵されているらしいのだが、ほとんどが未公開のままになっている。それら未公開資料を目にしている横山ウェイン茂人は、「それらを読むと、先生はいつも偉大な人として書かれていません」「その人間的な欠点の多い鈴木大拙が敢えて我々の心に印象強く映るかもしれない」(『没後四〇年』)とも述べている。

残念ながら本書では、松ヶ岡文庫の所蔵資料で公刊されていないものは、一切利用していない。わたしは同文庫に資料の閲覧を願い出てもいない。その理由は、決して開放的とはいえない所蔵者に依存することによって、書くべきと思うことを書く自由をそがれたくはなかったからだ。同文庫からのものとわかる資料を遺族からみせられたことはあるが、それらは慎重に峻別し、本書に記述することを避けた。未公開資料に頼らずとも、すでに公刊されている資料から新たな知見を導くこともまた、研究者としての腕のみせどころである。

新資料の探究はもちろん必要なことではある。しかし素行不良のレッテルを貼られた人物の過去を探ることは、遺族や関係者からはまったく歓迎されない。関係者が私人でまだご存命中だと、プライバシーを守るために、あきらかにできないこともある。だが、わたしがこの世に生を受けているあいだにこなせる仕事は限られている。これまでに知り得たことをもとに、大拙とアランの父子関係の輪郭を、一度描いてみることにも意味はあるだろうと考えた。どこかにあるかもしれない新資料の探究は、のちの研究者に委ねたい。きっとそう遠くない将来、わたしよりも優れた研究者の手によって、より完全なアラン伝が書かれることだろう。

末筆ながら、本書の執筆にあたりお世話になった方々、とりわけインタビューに応じてくださった池麻耶さん、鈴木家のみなさまに感謝申し上げる。人文書院の松岡隆浩さんには、前著の『日本の著作権はなぜこんなに厳しいのか』(二〇一一)に引きつづいて編集の労をお願いし、快くお引き受けいただいた。わたしにとって本書は、ライフ・ワークである「文化的な情報の生成・伝達・変容・消滅・復元の研究」の一環であると同時に、『禅という名の日本丸』(二〇〇五、弘文堂)につづく禅文化シリーズの位置付けなのだが、人文書院からの前著とあまりに内容が違うので、版元として戸惑いがあったろう。また、わたしの本のいくつかがそうであるように、今回も書店のどの棚にも納まりの悪い本になってしまった。だがそれも、分野の狭間に落ちていて、学界で活躍するまっとうな研究者が顧みない題材を、ささやかに掘り起こしてきた結果だと思っていただけたら幸いである。

最後に、わたしの仕事をいつも支えてくれている、妻の和江に感謝したい。

二〇一五年二月　湖国の寓居にて

山田　奨治

参考文献

有山輝雄、西山武典編『同盟通信社関係資料　第一〇巻』柏書房、一九九九年。

飯沼信子『野口英世とメリー・ダージス　明治・大正　偉人たちの国際結婚』水曜社、二〇〇七年。

岩倉政治『真人・鈴木大拙』法蔵館、一九八六年。

上田賢一『上海ブギウギ一九四五　服部良一の冒険』音楽之友社、二〇〇三年。

上田閑照、岡村美穂子編『鈴木大拙とは誰か』岩波現代文庫、二〇〇二年。

榎本泰子『上海』中公新書、二〇〇九年。

ラルフ・ウォルドー・エマソン（斎藤光訳）『エマソン名著選　自然について』日本教文社、一九九六年。

大橋忠也「三中行進曲」平尾清編『京三中　山城高　創立六〇周年記念号』双陵同窓会、一九七一年、一七六―一八〇頁。

金子務編『追想　鈴木大拙　没後四十年記念寄稿集』財団法人松ヶ岡文庫、二〇〇六年。

株式会社文藝春秋『文藝春秋七十年史　本篇』文藝春秋、一九九一年。

桐田清秀「松ヶ岡文庫と鈴木大拙研究」『松ケ岡文庫研究年報』一八号、二〇〇四年、八三―九三頁。

桐田清秀『鈴木大拙研究基礎資料』財団法人松ヶ岡文庫、二〇〇五年。

桐田清秀「注記　鈴木大拙英文日記について」『松ケ岡文庫研究年報』一九号、二〇〇五年、一五七―一五八頁。

アレン・ギンズバーグ（諏訪優訳）『ギンズバーグ詩集　増補改訂版』思潮社、一九九一年。

ジョン・ケージ（柿沼敏江訳）『サイレンス』水声社、一九九六年。

『現代詩手帖特集版　総特集　アレン・ギンズバーグ』思潮社、一九九七年。

實田實男『貞操蹂躙とその裁判』二松堂書店、一九三〇年。

清水英雄編『池真理子抄　「池真理子歌巡礼六十年」より』池真理子音楽事務所、二〇〇〇年。

城山三郎『友情　力あり』講談社文庫、一九九三年。

神霊教信者一同『神霊教入門』イースト・プレス、二〇〇〇年。

末木文美士『日本仏教の可能性　現代思想としての冒険』新潮文庫、二〇一一年。初版は春秋社、二〇〇六年。

鈴木大拙教授喜寿祝賀会編『仏教の大意』法藏館、一九四七年。

『鈴木大拙全集』岩波書店、一九八〇―一九八三年。

『鈴木大拙全集　増補新版』岩波書店、一九九九―二〇〇三年。

鈴木大拙（佐藤平訳）『真宗入門』春秋社、二〇一一年。初版は一九八三年。

関口和一編『開戦前夜のディスカッション　日米学生交流五十年の記録』日米学生会議五十周年記念事業実行委員会、一九八四年。

ヘンリー・D・ソロー（佐渡谷重信訳）『森の生活　ウォールデン』講談社学術文庫、一九九一年。

高柳賢三編『学生日米会談』日本評論社、一九三九年。

通信社史刊行会編『通信社史』通信社史刊行会、一九五八年。

西谷啓治編『回想　鈴木大拙』春秋社、一九七五年。

西村惠信『鈴木大拙の原風景』大蔵出版、一九九三年。

野末賢三編 *The Third America-Japan Student-Conference* 1936. 日本英語学生協会、一九三七年。

服部良一『ぼくの音楽人生』中央文芸社、一九八二年。

林田久美野『大叔父・鈴木大拙からの手紙』法藏館、一九九五年。

原田良祐、佐伯隆定編『学園回顧録』高野山高等学校、一九五六年。

『ビート読本　ビート・ジェネレーション　六〇年代アメリカン・カルチャーへのパスポート』思潮社、一九九二年。

久松真一、山口益、古田紹欽編『鈴木大拙　人と思想』岩波書店、一九七一年。

日野原重明『死をどう生きたか　私の心に残る人びと』中公新書、一九八三年。

イヴ・ビュアン（井上大輔訳）『ガリマール総評伝シリーズ1　ケルアック』祥伝社、二〇一〇年。

古田紹欽編『鈴木大拙選集・別巻　鈴木大拙の人と学問』春秋社、一九六一年。

古田紹欽編『鈴木大拙坐談集　第五巻　禅の世界』読売新聞社、一九七二年。

北國新聞社編集局編『禅　鈴木大拙　没後四〇年』北國新聞社、二〇〇六年。

松ヶ岡文庫編『鈴木大拙　没後四〇年』河出書房新社、二〇〇六年。

水上勉『私版東京図絵』朝日文庫、一九九九年（初版は一九九六年）。

宮村隆通編『ルポルタージュ　The Fourth America-Japan Student Conference 1937』宮村隆通（発行）、一九三八年。

山本良吉『鈴木大拙未公開書簡　別冊・大拙宛山本良吉書簡』禅文化研究所。一九八九年。

吉村昭『陸奥爆沈』新潮文庫、一九七九年。

Charters, Ann. (ed.) *The Portable Beat Reader*. Penguin Books, 1992.

Charters, Ann. (ed.) *Jack Kerouac Selected Letters 1957–1969*. Viking, 1999.

Fields, Rick. *How the Swans Came to the Lake, 3rd ed.* Shambhara, 1992.

Lawlor, Willam T. (ed.) *Beat Culture: Icons, Lifestyles, and Impact*. ABC-CLIO Inc., 2005.

Report of the Fourth America-Japan Student Conference, August, 1937. The Executive Committee of the Forth America-Japan Student Conference, 1938.

Sims, Barbara R. *Traces That Remain: A Pictorial History of the Early Days of the Baha'i Faith Among the Japanese*. Baha' i Publishing Trust, Japan, 1989.

Tonkinson, Carole. (ed.) *Big Sky Mind: Buddhism and the Beat Generation*. Riverhead Books, 1995.

Watson, Steven. *The Birth of the Beat Generation: Visionaries, Rebels, and Hipsters, 1944–1960*. Pantheon Books, 1995.

Westgeest, Helen. *Zen in the Fifties: Interaction in Art between East and West*. Waanders Uitgevers, 1996.

1961年6月4日	90		44	婦女暴行容疑で逮捕。翌日各紙朝刊で報道。
1961年6月19日	90		44	雑誌「週刊新潮」の事件記事掲載号発売。
1965年3月18日	94		48	美香子との協議離婚届出。
1966年7月12日	95	聖路加病院にて死す。	50	
1971年6月27日			54	世田谷の病院にて死す。

桐田清秀編『鈴木大拙研究基礎資料』(2005) などから作成

		クレアモント大学等で講義。		
1950年6月	79		33	「ボタンとリボン」を訳詞。レコード発売。
1950年9月21日	79	ニューヨークへ移動。コロンビア大学等で講義。	34	
1951年6月9日	80	一時帰国。	34	
1951年6月	80		34	真理子が女児を出産。
1951年9月13日	80	再渡米。クレアモント大学等で講義。	35	
1951年11月20日	81		35	真理子との婚姻、娘の出生を届出。
1951年12月	81		35	家出し、式場美香子と暮らしはじめる。
1952年2月1日	81	コロンビア大学教員となりニューヨークへ移動。	35	
1952年6月30日	81	一時帰国。	35	
1952年9月14日	81	再渡米。	36	
1952年11月8日	82		36	真理子との協議離婚届出。
1953年2月27日	82		36	美香子との婚姻届出。
1954年1月10日	83	岡村家のアパートに引っ越す。	37	
1954年9月10日	83	岡村美穂子を伴い一時帰国。	38	
1955年1月17日	84	再渡米。	38	
1956年	85		39	この頃、文京区富坂2丁目に住む。映画翻訳などに従事。
1957年1月15日	86	雑誌「ヴォーグ」に紹介記事掲載。	40	
1957年2月4日	86	雑誌「タイム」に紹介記事掲載。	40	
1957年8月31日	86	雑誌「ニューヨーカー」に紹介記事掲載。	41	
1958年1月	87	雑誌「マドモアゼル」に紹介記事掲載。	41	
1958年10月	87	ビート作家らの訪問を受ける。	42	
1958年11月22日	88	岡村美穂子を伴い帰国。松ヶ岡文庫に暮らす。	42	

1939年3月	68		22	同志社大学卒業。
1939年5月28日	68	アランに養子であることを告げる。	22	
1939年7月16日	68	ビアトリス死す。	23	
1939年11月3日	69		23	久保ノブと挙式。
1940年4月11日	69		23	ノブとの婚姻届出。
1940年7月4日	69	鈴木伊智男を養子にする。	23	
1942年1月	69		25	ジャパン・タイムズ社を経て同盟通信社に就職。
1942年3月	71		25	ノブが女児を出産。
1942年10月	72		26	同盟通信社特派員として上海に赴任。
1942年12月	72	この頃、松ヶ岡文庫竣工。	26	
1945年12月	75		29	上海から引き揚げ、芝区白金三光町に住む。池真理子と再会。
1946年12月	76		30	雑誌「スポットライト」で池真理子を紹介する。
1947年	76		30	「東京ロマンス」を訳詞。
1947年9月10日	76		31	「東京ブギウギ」を作詞。この日にレコーディング。
1947年11月1日	77		31	雑誌「蛍光」に英語会話講座を執筆。
1948年1月	77		31	「東京ブギウギ」レコード発売。
1948年7月2日	77	関口この死す。	31	
1948年7月25日	77		32	『淑女と紳士』翻訳刊行。
1948年10月	77	京都の邸宅を引き払う。	32	
1948年11月21日	78		32	円覚寺で池真理子と挙式。
1948年12月1日	78		32	『アメリカ式家政法』翻訳刊行。
1949年1月18日	78		32	ノブとの協議離婚届出。
1949年2月9日	78		32	雑誌「アサヒグラフ」に紹介記事掲載。
1949年6月16日	78	ハワイへ出発。	32	
1949年11月3日	79	文化勲章受章。	33	
1949年12月1日	79		33	『百万人の野球』翻訳刊行。
1950年2月1日	79	サンフランシスコへ移動。	33	

1909年10月15日	38	東京帝国大学文科大学講師となる。		
1911年2月14日	40	ビアトリス来日。		
1911年4月	40	東京市小石川区老松町に住む。		
1911年12月12日	41	ビアトリスと結婚式を挙げる。小石川区高田老松町に住む。		
1915年7月	44			この頃、生誕か。
1916年7月7日	45		0	戸籍上の誕生日。
1916年7月21日	45	勝の出生届出。	0	
1919年11月1日	49	釈宗演死す。	3	
1921年3月22日	50	学習院大学を辞し真宗大谷大学教授となる。	4	
1921年5月19日	50	大谷大学寄宿舎に住む。	4	
1921年9月	50	東福寺塔頭栗棘庵に住む。	5	
1926年1月	55	この頃までに今熊野大谷派知進寮に住む。	9	
1926年3月23日	55	京都市上京区小山大野町の新居に住む。	9	
1929年4月	58		12	京都府立第三中学校入学。
1931年7月7日	60		15	岩倉政治の富山の郷里へ出発。ひと夏を過ごす。
1931年9月	60		15	高野山中学校に転校。
1932年11月	62		16	高野山中学校から停学処分。
1933年9月	62		17	高野山中学校で暴力事件。
1934年4月	63		17	同志社大学入学。
1936年8月	65		20	早稲田大学での日米学生会議に参加。
1937年8月	66		21	スタンフォード大学での日米学生会議に参加。久保ノブと出逢う。
1937年夏	66		21	この頃か翌年の夏に、東山ダンスホールで池真理子と出逢う。
1938年3月15日	67	ビアトリス入院。	21	
1938年5月	67		21	オオタニキヌコ事件。

	鈴木大拙貞太郎関連		鈴木アラン勝関連	
	年齢	出来事	年齢	出来事
1870年10月18日	0	金沢市本多町で生まれる。		
1876年11月16日	6	父・了順死す。		
1878年4月21日	7	ビアトリス・レーン生まれる。		
1882年4月	11	石川県専門学校付属初等中学科入学。		
1887年10月	16	第四高等中学校入学。		
1888年7月1日	17	第四高等中学校中退。この頃、国泰寺で参禅か。		
1888年7月8日	17	石川県珠州郡飯田町で小学校助手になる。		
1890年4月8日	19	母・増死す。		
1891年1月12日	20	兄・亨太郎のいる神戸へ出発。		
1891年5月	20	上京し久徴館に住む。		
1891年6月1日	20	東京専門学校に通いはじめる。		
1891年7月27日	20	円覚寺で今北洪川に参禅。		
1891年10月	20	東京専門学校退学。		
1892年1月16日	21	今北洪川死す。		
1892年4月11日	21	釈宗演に参禅。		
1892年9月	21	東京帝国大学文科大学哲学科入学。		
1893年7月	22	万国宗教会議での釈宗演講演原稿を英訳。		
1894年12月	24	この頃までに、釈宗演より大拙の居士号を受ける。		
1895年5月	24	東京帝国大学中退。		
1896年12月5日	26	円覚寺で見性。		
1897年2月7日	26	アメリカへ出発。		
1905年7月14日	34	翌年4月まで訪米中の釈宗演の通訳を務める。		
1906年4月8日	35	ニューヨークでビアトリスと出逢う。		
1909年3月26日	38	イギリス滞在を経て帰国。		
1909年8月31日	38	学習院の英語講師となる。		

著者略歴

山田奨治（やまだ　しょうじ）

1963年生。現在、国際日本文化研究センター教授、総合研究大学院大学教授。京都大学博士（工学）。専門は情報学、文化交流史。筑波大学大学院修士課程医科学研究科修了後、（株）日本アイ・ビー・エム、筑波技術短期大学助手などを経て現職。主な著作に、『日本の著作権はなぜこんなに厳しいのか』（人文書院）、『〈海賊版〉の思想　18世紀英国の永久コピーライト闘争』（みすず書房）、『禅という名の日本丸』（弘文堂）、『情報のみかた』（弘文堂）、『日本文化の模倣と創造　オリジナリティとは何か』（角川書店）など。

ISBN978-4-409-41081-3 C0095

東京ブギウギと鈴木大拙

二〇一五年四月二二日　初版第一刷発行
二〇二二年三月二二日　初版第二刷発行

著　者　山田奨治
発行者　渡辺博史
発行所　人文書院

〒六一二―八四四七
京都市伏見区竹田西内畑町九
電話〇七五（六〇三）一三四四
振替〇一〇〇〇―八―一一〇三

印刷　亜細亜印刷株式会社
装丁　間村俊一

乱丁・落丁本は小社送料負担にてお取替致します。
JASRAC 出 1415859-401

http://www.jimbunshoin.co.jp/